Vincenzo Passerini

TEMPI FEROCI

VITTIME, CARNEFICI, SAMARITANI

gabrielli EDITORI

Via Cengia, 67 – 37029 San Pietro in Cariano (Verona)
tel. 045 7725543 – fax 045 6858595
info@gabriellieditori. it
www. gabriellieditori. it

ISBN 978-88-6099-398-4

Stampa
Grafica Veneta spa, Trebaseleghe (PD), Settembre 2019

Progetto copertina
Gabrielli editori

Per la produzione di questo libro è stata utilizzata esclusivamente energia elettrica prodotta da fonti rinnovabili ed è stata compensata tutta la CO2 prodotta dall'utilizzo di gas naturale.

Alla memoria di
Jo Cox, Pawel Adamowicz, Walter Lübcke

«Altri seguendo le tue vive tracce,
faranno la tua strada a palmo a palmo,
ma non sei tu che devi sceverare
dalla vittoria tutte le sconfitte.
E non devi recedere d'un solo
briciolo dalla tua persona umana,
ma essere vivo, nient'altro che vivo,
vivo e nient'altro sino alla fine.»

Borìs Pasternàk

INDICE

PREMESSA

Quando conobbi l'assessora Flavia Frigotto e la storia dei profughi siriani accolti nel paese di Caderzone (Trento), mi colpì l'episodio in cui durante la difficile assemblea pubblica convocata per affrontare la generale ostilità del paese al progetto di accoglienza, una signora, una maestra in pensione, rompendo il gelido silenzio della sala di fronte alla richiesta di aiuto, parlò e disse: «Flavia, se hai bisogno ti lascio il mio numero di telefono». Sarà la luce di tutto il percorso, dice oggi l'assessora, ancora emozionata per quel gesto.

In tempi feroci, oggi come ieri, a ogni latitudine, e in qualsiasi situazione c'è sempre qualche coscienza libera che rompe il silenzio generale e parla. Che non bada a quello che pensano gli altri e dice: «Flavia, se hai bisogno ti lascio il mio numero di telefono». Io ci sono, non mi importa se tutti gli altri in questa sala ci sono o no. Non mi importa, non glielo chiedo, io ci sono. Questo «io ci sono» vuole farsi strada tra le pagine di questo libro dove la ferocia del nostro tempo, i gelidi silenzi, le ostilità generali pesano come una cappa di piombo. Il libro non fa sconti, non racconta una realtà diversa da quella che c'è. La guarda in faccia. Chiama le cose con il loro nome e cognome. Non ci può essere alcuna redenzione se non attraversando il cuore di tenebra del nostro tempo. Ma quello che mi ha sempre colpito in questi anni feroci è che nei tantissimi luoghi dove sono stato a parlare di rifugiati e di migranti ho sempre trovato qualcuno, persona o gruppo, che aveva rotto il gelo generale e aveva detto «Io ci sono», «Noi ci siamo».

Ovunque qualcuno ha fatto scelte controcorrente. Non ha finto di non vedere la vittima, come fanno il sacerdote e il levita della parabola evangelica, ma l'ha soccorsa e accolta. Le vittime di questo tempo feroce sono i profughi e i migranti, umiliati e offesi, torturati e assassinati nei lager libici, lasciati annegare nel

Mediterraneo, respinti e uccisi da muri e da leggi disumane, additati dalla propaganda politica come i nemici della comunità, colpiti da razzismi e xenofobia, da sfruttamenti e disuguaglianze. Ma ci sono, ovunque, anche i samaritani che soccorrono e accolgono i migranti, si oppongono alla disumanità, non stanno in silenzio, si battono con coraggio per la giustizia e l'uguaglianza, tengono viva la speranza in un mondo migliore. Come Yvan Sagnet, come Paul Grüninger, come gli «angeli» di Bani Walid, in Libia, come quel pugno di francesi che difese i migranti italiani dal linciaggio, come padre Solalinde sulla frontiera del Messico. Come tanti volontari, associazioni, cooperative sociali, parrocchie, Comuni.

A volte, in certe situazioni, oggi come ieri, quell'«Io ci sono» o, quell'«Io non sono d'accordo», quando attorno c'è solo consenso, può costare anche la vita. Com'è accaduto ai nostri giorni a Jo Cox, Pawel Adamowicz, Walter Lübcke che sono stati uccisi per la loro politica di accoglienza dei migranti (a loro è dedicato il libro). E come è accaduto in feroci passati a Tommaso Moro, ai giovani della Rosa Bianca, a Franz Jägerstätter, agli umili ascari eritrei che si rifiutarono di partecipare al massacro di Addis Abeba. Ovunque ci sono coscienze libere che rimangono in piedi, in mezzo a folle sedute o a mezze coscienze, come le chiamò Primo Levi. In ogni tempo feroce l'umanità non è mai consegnata del tutto al male. Per questo dobbiamo sempre sperare.

Dobbiamo sperare anche per un'altra ragione. La parabola evangelica non ci dice cosa accadde poi al ferito soccorso dal samaritano. Noi sappiamo invece che tanti rifugiati che hanno trovato una buona accoglienza e sono stati valorizzati nei loro talenti sono diventati parte costruttiva della nostra società. Le storie di Alidad, Chefiki, Islam, Lamin, Adama, che il libro racconta (ce ne sarebbero tante), vanno a intrecciarsi con quelle di milioni di immigrati che già stanno costruendo con noi il nostro Paese. Camminano con noi, a volte ci sorreggono, novelli samaritani.

V. P.

YVAN L'INFLESSIBILE E LA BATTAGLIA CONTRO IL CAPORALATO

È dovuto arrivare lui dall'Africa, lui giovane studente lavoratore, perché gli sfruttati delle nostre campagne si alzassero in piedi, i loro occhi fissassero senza tremare quelli increduli degli aguzzini, il loro «no» uscisse chiaro e forte, e la rivolta si allargasse fino a diventare il primo grande sciopero di quella moltitudine umiliata e offesa di lavoratori, fino a scuotere i santuari dei padroni dei campi e dei loro servi-aguzzini-caporali, e quelli della politica e delle istituzioni compiacenti, fino ad arrivare in Parlamento e costringere, di fatto, il Parlamento italiano a guardare in faccia quella storica piaga e a produrre la prima legge italiana contro il caporalato. Non è l'incipit di un epico racconto dell'Ottocento, siamo nell'estate dell'anno 2011, a Nardò, in Puglia, e nelle immense distese di pomodori bruciate dal sole i nuovi schiavi senza voce e senza diritti, africani, asiatici, bulgari, polacchi, albanesi, italiani, hanno trovato in un giovane di 26 anni del Camerun, Yvan Sagnet, un leader capace di dare loro un'unica voce e un uomo determinato a non rinunciare alla propria e alla loro dignità.

Yvan Sagnet, oggi, 21 marzo, è a Bolzano per incontrare gli studenti in occasione della «Giornata della memoria e dell'impegno in ricordo delle vittime delle mafie». L'ha invitato il Teatro Cristallo, insieme alla sezione regionale dell'Associazione nazionale magistrati, a Libera contro le mafie e Arciragazzi. La giornata è dedicata a Hyso Telharaj, giovane albanese di 22 anni ucciso l'8 settembre del 1999 in provincia di Foggia perché aveva avuto il coraggio di ribellarsi ai soprusi e alla violenza dei caporali.

Gli organizzatori mi hanno chiesto di presentare Yvan Sagnet agli studenti. Per questo lo incontro alle 8 di mattina, per fare colazione insieme, nell'albergo dove alloggia. Quando arrivo e lo vedo seduto al tavolo, quando ci salutiamo, ci sediamo, facciamo colazione, chiacchieriamo, sento che la dignità gli scorre nelle vene. Naturalmente parliamo dell'Italia che il 4 marzo si è consegnata alla politica xenofoba e razzista. Della crisi di valori della sinistra, che ha dimenticato i deboli e i lavoratori. Concordiamo e ne soffriamo. La crisi economica è stata fatta pagare ai più deboli, la sinistra non li ha difesi. E la destra ha avuto buon gioco nello scatenare la guerra tra poveri, gli impoveriti della crisi contro i migranti in fuga da guerre e miserie. Così i forti diventano sempre più forti scatenando la guerra tra i deboli.

Yvan si è laureato al Politecnico di Torino in ingegneria delle telecomunicazioni nel marzo del 2013. Dopo aver lavorato come sindacalista per la Flai-Cgil, il sindacato dei lavoratori dell'agroindustria che lo aveva sostenuto nello sciopero, insieme alle associazioni Finis Terrae e Bsa e ai volontari, ora si è messo in proprio e ha fondato l'Associazione No Cap. Con questa sta realizzando in vari Paesi del mondo una rete anti-caporalato per sostenere i lavoratori e i produttori contro le logiche speculative del mercato e la tirannia della grande distribuzione. Il suo obiettivo è quello di diffondere un modello etico ed energetico dei prodotti, rendendo chiara la tracciabilità lungo tutta la filiera, dalla produzione alla distribuzione.

Al Teatro Cristallo ci sono un centinaio di studenti delle superiori con i loro insegnanti. Negli interventi introduttivi, organizzatori e autorità ricordano le vittime delle mafie e il sacrificio di coloro che hanno perso la vita combattendole con coraggio o non accettando le loro imposizioni. I 1000 nomi delle vittime saranno ricordati durante la marcia che poi partirà dal Teatro Cristallo per concludersi nella piazza del Tribunale. Legalità, legalità si è ripetuto. Già, mafie e corruzione, e sfruttamenti illegali e barbari dilagano nel Paese, da Nord a Sud, ma si fa credere che il problema della sicurezza siano i migranti.

Il responsabile organizzativo del Teatro Cristallo, Davide Dellai, regista di questa bella iniziativa, ricorda Hyso Telharaj. Il giovane albanese sognava di diventare geometra, ed era venuto in Italia a 22 anni (come Yvan Sagnet) per studiare. Lavorava nella raccolta dei pomodori per guadagnare un po' di soldi. Era gentile con tutti, allegro. Aveva anche lui un grande senso della propria dignità e si rifiutò di dare ai caporali la esagerata parte del suo guadagno, già di per sé irrisorio, che essi pretendevano. Forse non era del tutto consapevole della spietatezza di questo sistema. Forse non pensava che in Italia si potesse arrivare a tanto. Il 5 settembre del 1999 fu avvisato che lo stavano cercando, gli consigliarono di scappare. Lui non scappò. Vennero i sicari, lo picchiarono a sangue e tre giorni dopo morì. La sua storia fu dimenticata. Solo dopo molti anni, nel 2016, grazie all'associazione Libera contro le mafie, fondata da don Luigi Ciotti, è tornata in vita. È stata rintracciata la sua famiglia in Albania e tre suoi fratelli sono stati invitati in Puglia e hanno incontrato gli amici di Libera. Hanno portato loro delle foto di Hyso e hanno raccontato di lui, un ragazzo pieno di vita, intelligente e generoso, sorridente, amato da tutti, il fratello più piccolo che voleva aiutare la sua famiglia e che per questo era partito per l'Italia.

Poi tocca a Yvan Sagnet. Lo introduco raccontando brevemente la sua storia. Ci ricorda, dico agli studenti, che gli immigrati non aiutano solo la nostra economia, non fanno solo i lavori che noi non facciamo più, non portano solo giovinezza alla nostra vecchia società, ma ci portano anche valori umani e civili, motivazioni, coraggio. Come è accaduto per tanti italiani che sono emigrati nel mondo.

Yvan si fa ammirare dagli studenti per l'eccellente italiano e per la sua pacatezza. Risponde volentieri alle loro domande. Alcune classi si sono preparate, altre no e scoprono una realtà nuova. Nuovi volti dell'immigrazione, compreso il volto di Yvan, così diverso dall'immigrato che di solito si dipinge in tv e sui social.

Yvan racconta del suo primo giorno nella raccolta dei pomodori, stipati in venticinque dentro un furgone da dieci posti che li porta alla masseria alcune ore prima del sorgere del sole. Quattro chilometri all'andata, altrettanti al ritorno, costo giornaliero da pagare subito al caporale 5 euro. Vietato recarsi con mezzi propri, pena il licenziamento. Ciascuno deve trascinare il proprio cassone da riempire, settanta chili vuoto, per alcune centinaia di metri fino al punto di raccolta. Dovrà riempirlo di quattro quintali di pomodori e riceverà 3 euro e mezzo. Yvan impiega un'ora e mezzo a riempire il primo cassone, mentre il suo vicino ne aveva riempito quattro. E da lui impara a fare più in fretta. Sperimenta la sinistra presenza del caporale Omar, sudanese. Nella pausa, uno dei suoi tirapiedi offre a Yvan un impresentabile panino. Se vuoi mangiare, non hai alternative. Dove vai? Tre euro e mezzo per il panino. Yvan a metà pomeriggio ha riempito quattro cassoni e deve fermarsi perché i cassoni se li sono presi gli altri, più veloci. Risultato: dieci ore di lavoro, 14 euro. Dai quali dovevano essere tolti 5 euro per il viaggio, 3 e mezzo per il panino, 1 e mezzo per i guanti. Gli restano 4 euro, che avrebbe speso per la cena. Ovviamente tutto in nero, nessun contributo versato. Questo è il caporalato. Un'intermediazione illegale e brutale tra lavoratore e datore di lavoro. Quest'ultimo, il padrone dei campi, si fa vedere poco, ma è lui che pretende queste condizioni disumane per i braccianti. Il caporale trova i lavoratori, li fa lavorare, li sfrutta, se gli va li tiene, se no li caccia, e se non si adeguano adotta misure forti, anche spietate, come si è visto nel caso del povero Hyso Telharaj.

Yvan racconta come nacque lo sciopero. Le piante di pomodoro, di solito, venivano strappate alla radice e poi sbattute contro il bordo del cassone per far cadere i frutti all'interno. Erano destinati alla produzione di conserva. Quel giorno il proprietario, italiano, aveva deciso, essendo i pomodori molto belli, di venderli come prodotto da insalata, e quindi a un prezzo molto più alto. Il caporale Omar disse ai lavoratori che i pomodori dovevano essere staccati e deposti con cura, uno ad uno. Un lavoro più lungo e faticoso. I braccianti avrebbero impiegato più ore per riempire il cassone, senza però essere pagati di più. Alcuni lavoratori del Ghana protestano, si fermano. Yvan Sagnet prende le loro difese, non si lascia intimidire né dal caporale né dal padrone, ribadisce la giustezza della protesta: perché ci fate lavorare di più e ci pagate di meno? Da allora diventa il leader di una ribellione che finisce per coinvolgere tutti e sfocia in uno sciopero durato un mese. I pomodori marciscono se si sciopera.

Yvan resiste inflessibile ad attacchi e minacce, anche di morte. I lavoratori otterranno giustizia e l'eco di quella lotta smuoverà la politica italiana (non poteva smuoversi prima?). Il Parlamento varerà, ancora in quel 2011, la prima legge contro il caporalato che introdurrà per la prima volta nell'ordinamento giuridico italiano il reato penale di caporalato. Ma Yvan dovrà far fronte anche a minacce di morte.

Yvan ricorda agli studenti che il caporalato c'è in tante altre parti del mondo. Basti pensare ai bambini e alle donne sfruttati dal sistema economico in Africa, Asia, Sudamerica. Vengono pagati pochissimo e lavorano in condizioni disumane per produrre oggetti e vestiti per conto delle grandi aziende internazionali che poi li vendono sui mercati dell'Occidente a prezzi altissimi, come griffe. È la logica del massimo profitto e del massimo sfruttamento dei lavoratori che muove il mercato mondiale. La logica della massima difesa della libertà del mercato e della minima difesa dei diritti dei lavoratori. La questione di fondo, dice Sagnet, è che dobbiamo cambiare radicalmente questa logica, anche attraverso alleanze internazionali tra produttori, lavoratori e consumatori che realizzino un modello economico alternativo. Si può fare. Dobbiamo cambiare questo sistema anche con i nostri comportamenti quotidiani, verificando la qualità etica ed ecologica dei prodotti che acquistiamo, imparando ad essere consumatori intelligenti, «perdendo» tempo per questo. Ma anche diventando soggetti attivi nel creare e sostenere forme alternative di produzione e di consumo.

Concludo l'incontro suggerendo agli studenti la bellissima autobiografia di Yvan[1] e il suo libro sul caporalato,[2] scritto insieme a Leonardo Palmisano, un viaggio appassionato e dolente nell'Italia dei nuovi schiavi che si apre con questa dedica: «A chi lavora nei campi, dorme nei ghetti e muore sotto il sole».

Marzo 2018

[1] Y. Sagnet, *Ama il tuo sogno*, Fandango, Roma 2012.

[2] Y. Sagnet - L. Palmisano, *Ghetto Italia. I braccianti stranieri tra caporalato e sfruttamento*, Fandango, Roma 2015.

CAMBIAMENTI CLIMATICI, L'ULTIMA INGIUSTIZIA

I cambiamenti climatici stanno provocando danni enormi, a volte irreparabili, all'ambiente naturale e all'uomo. Ma questi danni non sono uguali per tutti. Per i popoli e i Paesi poveri sono di gran lunga più devastanti che per i popoli e i Paesi ricchi. Eppure i maggiori responsabili dei cambiamenti climatici sono proprio i popoli e i Paesi ricchi. Ecco l'ultima delle ingiustizie a danno dei poveri di questo mondo, come si afferma nell'*Atlante delle migrazioni ambientali.*[3] Dopo lo sfruttamento delle risorse dei Paesi e dei popoli poveri da parte dei Paesi ricchi; dopo le disuguaglianze provocate da un sistema capitalistico, controllato dai Paesi ricchi, che fa sì che l'80% della popolazione mondiale viva con soltanto il 5% della ricchezza mondiale; dopo lo scandalo del traffico di armi che alimenta il reddito dei Paesi ricchi per alimentare le guerre nei Paesi poveri, con le loro conseguenze di lutti, rovine, migrazioni, quella dei cambiamenti climatici è l'ultima delle ingiustizie. Devastante come le altre.

Forse definirla l'ultima delle ingiustizie non è del tutto esatto, perché dopo queste grandi ingiustizie che si abbattono sui poveri della terra per colpa dei Paesi e dei popoli ricchi, questi ultimi commettono una nuova ingiustizia a danno dei poveri: li respingono quando sono costretti ad emigrare per povertà, guerre, disastri ambientali.

Il 19 marzo scorso la Banca Mondiale ha pubblicato un impressionante rapporto sulle migrazioni ambientali. Un documento di 256 pagine dove si analizza la situazione attuale e si ipotizzano le conseguenze che questa produrrà sulle migrazioni, in questo caso interne ai continenti. Il rapporto ha suscitato cla-

[3] N. Hulot, *Le dérèglement climatique, l'ultime injustice*, in D. Ionesco - D. Mokhnacheva - F. Gemenne, *Atlas des migrations environnementales*, Iom/Oim - Les Presses de SciensesPo, Paris 2016, p. 8.

more perché fin dalle prime pagine evidenzia, a grandi caratteri, i numeri che si prospettano: «Entro il 2050, in soltanto tre aree del pianeta, i cambiamenti climatici potranno costringere più di 143 milioni di persone a spostarsi dentro i loro Paesi».[4] Nell'Africa subsahariana i migranti climatici interni all'area saranno 86 milioni, nell'Asia meridionale 40 milioni, in America Latina 17 milioni. Il rapporto si concentra poi su tre casi di studio: Etiopia, Bangladesh e Messico.

Sulla definizione di migranti climatici, la discussione è aperta.[5] Nel rapporto della Banca Mondiale vengono definiti persone che si muovono a causa della migrazione indotta dai cambiamenti climatici. Tuttavia, l'intreccio con i fattori economici e politici è tale che è difficile in molti casi distinguere un tipo di migrazione dall'altra partendo dalle cause che l'hanno generata. Guerre, povertà, sfruttamenti, repressioni, cattiva politica, clima, tutto si intreccia per rendere insostenibile la permanenza nel luogo dove si vive, e quindi si parte, si va altrove, quasi sempre all'interno del proprio Paese, o nei Paesi limitrofi. Infatti l'86% dei profughi del mondo è accolto nei Paesi poveri, quelli limitrofi alle aree di conflitto. Il rapporto della Banca Mondiale ha comunque il merito di tornare a porre con forza la grande questione: o si cambiano politiche e comportamenti, o la situazione peggiora per tutti, soprattutto per i più poveri.

Come ricordano Mastrojeni e Pasini, nel trentennio 1980-2010, in Africa, «anche a causa dei cambiamenti climatici – oltre che per la devastazione del territorio dovuta spesso a governi deboli e corrotti – sono scomparsi ogni anno 4 milioni di ettari di foreste con una media doppia rispetto al resto del mondo, mentre il 50% dei ghiacciai in Uganda si sta ritirando e in Senegal l'urbanizzazione sta riducendo enormemente le aree verdi».[6] E

[4] WORLD BANK GROUP, *Groundswell: Preparing for Internal Climate Migration,* Washington 2018, p. 18.

[5] G. DESTRO, *Una nuova prospettiva sui migranti climatici*, in «oggi scienza.it», 5 aprile 2018.

[6] G. MASTROJENI - A. PASINI, *Effetto serra, effetto guerra*, Chiarelettere, Milano 2017, p. 107.

poi, desertificazioni, lotte e guerre per l'acqua, impatto di eventi atmosferici catastrofici, innalzamento degli oceani, con scomparsa di paesi e città sulla costa, sono tra le conseguenze più gravi dei cambiamento climatici che provocano conseguenze gravissime per tutti, ma soprattutto per i più poveri.

L'approccio più globale e profondo alla grande questione resta quello che Papa Francesco ha proposto nella *Laudato si'*, la lettera enciclica «sulla cura della casa comune».[7] L'enciclica di papa Francesco è il testo più importante sulla questione ambientale e climatica, il più necessario, perché non solo ci dice cosa sta accadendo, ma ci dice perché accade, e che cosa dobbiamo non solo fare, ma cambiare dentro e fuori di noi per guarire da questa malattia che sta uccidendo il pianeta e l'umanità. Questione sociale e questione ambientale sono un tutt'uno, e i loro problemi sono originati da una questione spirituale, culturale, morale. Francesco ripropone con chiarezza uno sguardo unitario sull'uomo e sull'umanità, che è l'unico approccio adeguato per affrontare il drammatico problema dei cambiamenti climatici.

Le questioni tecniche, i numeri, le discussioni sulle metodologie di analisi e sulle definizioni sono importantissimi, ma la questione è ben più profonda, il male ha radici più profonde. Papa Francesco lo ricorda fin dall'inizio. La casa comune, la terra, la «nostra matre Terra», come recita il *Cantico delle creature* di San Francesco, «protesta per il male che le provochiamo, a causa dell'uso irresponsabile e dell'abuso dei beni che Dio ha posto in lei. Siamo cresciuti pensando che eravamo suoi proprietari e dominatori, autorizzati a saccheggiarla. La violenza che c'è nel cuore umano ferito dal peccato si manifesta anche nei sintomi di malattia che avvertiamo nel suolo, nell'acqua, nell'aria e negli esseri viventi».

Il Papa ricorda che molti sforzi encomiabili di persone e movimenti ambientalisti sono spesso frustrati dal rifiuto dei potenti, ma anche dal disinteresse degli altri: «Gli atteggiamenti che

[7] FRANCESCO, *Laudato si'. Lettera enciclica sulla cura della casa comune*, Àncora, Milano 2015.

ostacolano le vie di soluzione, anche fra i credenti, vanno dalla negazione del problema all'indifferenza, alla rassegnazione comoda, o alla fiducia cieca nelle soluzioni tecniche. Abbiamo bisogno di nuova solidarietà universale». Ecco: abbiamo bisogno di nuova solidarietà universale. Che è l'esatto opposto dell'ideologia dei populismi che propongono gli egoismi nazionalistici come la soluzione dei problemi. Come si può affrontare con sguardo puramente nazionale la questione climatica? Allo stesso modo, come si può affrontare la questione sociale internazionale, la questione delle diseguaglianze e delle migrazioni con sguardo puramente nazionale? L'unica risposta seria è una nuova solidarietà universale. Francesco insiste sul nesso tra questione sociale e questione ambientale: «I cambiamenti climatici sono un problema globale, con gravi implicazioni ambientali, sociali, economiche, distributive e politiche, e costituiscono una delle principali sfide attuali per l'umanità. Gli impatti più pesanti probabilmente ricadranno nei prossimi decenni sui Paesi in via di sviluppo». Come appunto documenta anche il sopra citato rapporto della Banca Mondiale.

E poi: «Bisogna rafforzare la consapevolezza che siamo una sola famiglia umana. Non ci sono frontiere e barriere politiche o sociali che ci permettano di isolarci, e perciò stesso non c'è nemmeno spazio per la globalizzazione dell'indifferenza». Che è ciò a cui stiamo assistendo anche in questa stagione: l'indifferenza globale verso il dramma dei rifugiati. Papa Francesco tocca un punto cruciale: «I poteri economici continuano a giustificare l'attuale sistema mondiale, in cui prevalgono una speculazione e una ricerca della rendita finanziaria che tendono ad ignorare ogni contesto e gli effetti sulla dignità umana e sull'ambiente. Così si manifesta che il degrado ambientale e il degrado umano ed etico sono intimamente connessi». Questo gli studi della Banca Mondiale non lo dicono, non lo possono dire.

Papa Francesco punta il dito contro il paradigma tecnocratico che «è diventato così dominante» e ribadisce «la necessità impellente dell'umanesimo». Bisogna «ridefinire il progresso», «cambiare gli stili di vita», oggi dominati dall'ossessione consumistica e dall'«idea di una crescita infinita o illimitata». Ci vuole una «conversione ecologica» e anche una «conversione comunitaria»: «Abbiamo troppi mezzi per scarsi e rachitici fini». Abbiamo bisogno invece di «uno sguardo diverso, un pensiero, una politica, un programma educativo, uno stile di vita e una spiritualità che diano forma ad una resistenza di fronte all'avanzare del paradigma tecnocratico».

C'è una questione morale e spirituale alla base: «Occorre sentire nuovamente che abbiamo una responsabilità verso gli altri e verso il mondo, che vale la pena di essere buoni e onesti. Già troppo a lungo siamo stati nel degrado morale, prendendoci gioco dell'etica, della bontà, della fede, dell'onestà, ed è arrivato il momento di riconoscere che questa allegra superficialità ci è servita a poco».

Marzo 2018

L'OBBEDIENZA ERA UNA VIRTÙ

Il silenzio più totale avvolge la cacciata dalla scuola, il 16 ottobre 1938, del professore di scienze Ennio Gallico, di famiglia ebrea, 31 anni, sposato, una figlia, molto stimato da studenti e colleghi. Nessun cenno nel verbale del collegio dei professori. Allibiti ma zitti gli studenti. Solerte come non mai il preside Livio Fiorio nell'applicare i «Provvedimenti per la difesa della razza nella scuola fascista» emanati il 5 settembre con le firme di Vittorio Emanuele III, Mussolini, Bottai, Di Revel e che ordinavano di espellere dalle scuole di qualsiasi ordine e grado tutti gli alunni e gli insegnanti «di razza ebraica».

Nelle 414 pagine di grande formato della imponente, accurata e appassionante storia dell'Istituto Magistrale di Rovereto scritta da Rossano Recchia e Roberto Setti, da poco data alle stampe,[8] l'episodio dell'espulsione del prof. Gallico occupa poco più di una pagina, ma quella pagina, sobria e implacabile, pesa. Pesa come la più infamante nella storia della scuola, ma anche la più rimossa. Con essa mai la memoria della scuola ha fatto i conti. Specchio di un Paese che mai ha fatto i conti con la propria totale acquiescenza, rotta da poche eccezioni, alle leggi razziali che ottant'anni fa colpirono al cuore migliaia di persone innocenti e che poi aprirono la strada per tante di loro ai lager nazisti e alla morte.

Ennio Gallico si salvò dal lager, come ricorda Paolo Tessadri che ne ricostruì la vicenda nel numero di maggio del 2000 della rivista della scuola trentina «Didascalie». Cacciato dall'insegnamento tornò a Mantova, sua città d'origine, con la moglie e la figlioletta, e fece il rappresentante di medicinali e il direttore d'azienda, ma dovette poi fuggire in Svizzera dove fu accolto in

[8] R. Recchia - R. Setti, *La fabbrica dei maestri. Il primo secolo di vita dell'Istituto Magistrale di Rovereto, 1874-1969*, Liceo F. Filzi - Accademia Roveretana degli Agiati, Rovereto (TN) 2018.

un campo profughi. Lì, come ricordò la figlia Chiara a Tessadri, sopravvisse mangiando bucce di patata trovate tra i rifiuti. Fu poi reintegrato nell'insegnamento a Mantova. Non amava parlare del passato: troppo doloroso. Morì nel 1980.

Dopo la guerra voluta dal nazismo e dal fascismo, e che lasciò dietro di sé cinquanta milioni di morti – la più grande strage nella storia dell'umanità –, decine di milioni di profughi e immani distruzioni, la vita riprese come se il fascismo fosse stato una fastidiosa parentesi. Fiorio continuò a fare il preside dell'Istituto Magistrale fino al 1958. Gallico fu dimenticato. Ripresero l'insegnamento i professori, anche quelli che erano stati zelanti dirigenti del fascismo roveretano, tra i quali figure di grande statura morale e culturale come Valentino Chiocchetti, Ferruccio Trentini, Umberto Tomazzoni che saranno anche grandi presidi. Con l'«eravamo tutti fascisti» l'Italia si assolse. La cultura, la scienza, la chiesa, gli imprenditori, i giornalisti, l'esercito, tutti si assolsero. Il Trentino si assolse, costruendo anche la favola di una terra «afascista», cioè né fascista né antifascista, favola smentita anche dalla meticolosa ricostruzione di Recchia e Setti che ci restituiscc l'immagine di una scuola totalmente e consapevolmente coinvolta, con pochi distinguo, nel regime fascista e nelle sue pratiche.

Fu una tragedia collettiva. Cui non seguì la lezione che ci doveva essere. Quei grandi professori e presidi avrebbero dovuto, dopo, cercare di capire insieme ai loro studenti come un Paese civile e loro stessi si fossero piegati a un regime che negava i valori di libertà e umanità in cui erano cresciuti.

Come era potuto accadere che loro stessi avessero fatto proprio il linguaggio tronfio e ridicolo di Mussolini e dei suoi, così agli antipodi di quello di Dante, Leopardi e Manzoni che essi insegnavano ogni giorno ai loro studenti.

Come era potuto accadere che anche i migliori si fossero piegati, non solo i peggiori, diventando zelanti propagatori di idee barbare e incivili, come quelle razziste, come quelle di un colonialismo disumano e violento e di un militarismo tanto bellicoso quanto inconsistente.

Quei professori e presidi avrebbero dovuto, proprio perché li avevano sperimentati loro stessi, cercare di far comprendere agli studenti i meccanismi diabolici delle propagande, delle false notizie spacciate per vere, dell'ossessione del nemico, inventato, che diventa il capro espiatorio di tutte le miserie nazionali, e cosa vuol dire la mancanza di una informazione libera e di giornalisti liberi, cosa vuol dire l'assenza di una politica libera, di partiti liberi e democratici, anche al loro interno. E quali sciagure nascono da una educazione all'obbedienza a leggi ingiuste e disumane. E come sia funesta la cieca obbedienza a un capo. E come, passo dopo passo, silenzio dopo silenzio, autogiustificazione dopo autogiustificazione si uccide la propria anima.

Loro, i migliori, erano stati soggiogati da quei meccanismi, da quella cultura dell'obbedienza, dal culto del capo, e loro potevano, e dovevano, insegnare ai futuri maestri come non farsene più soggiogare e come darne gli anticorpi alle nuove generazioni.

Perché l'educazione è essenzialmente educazione allo spirito critico, non al conformismo, non all'obbedienza. E le civiltà non precipitano nella barbarie finché ci sono persone che si alzano in piedi e dicono di no, anche se le altre dicono di sì. Quando quelle persone spariscono, la civiltà muore. Quando la scuola non fa crescere persone così, la scuola ha fallito. È morta. Come morì durante il fascismo. Perché produsse giovani osannanti le vili guerre del fascismo e pronti a diventarne carne da macello. Quella lezione critica e autocritica mancò. Mancò nella scuola roveretana che forma i maestri, ma anche in tutta la scuola italiana.

Eravamo plagiati e contenti, privi di dubbi, ricorda con lucidità e amarezza lo studente di allora, e allievo del professor Gallico, Guido Vettorazzo, 96 anni, personaggio di rilievo nella vita pubblica della città, autore di una delle 25 testimonianze di studenti e professori che completano la ricostruzione storica di Recchia e Setti: «Noi allibiti, ma zitti. Eravamo già fascisti di nome e probabilmente anche di fatto. Il fascismo ci aveva inculcato a ubbidire, a tenere la testa bassa e a non reagire. Non abbiamo avuto nessuna spiegazione dalle autorità e noi, anche se non tutti erano d'accordo, non siamo stati in grado di avere coscienza critica. Per noi era la legge [...] Su Gallico la nostra incapacità critica di approfondire, di sceverare era stata deleteria».

Il volume va a concludersi proprio con l'esplosione del '68 e con la lezione di don Lorenzo Milani che «l'obbedienza non è più una virtù». Era quella obbedienza che il priore e maestro di Barbiana aveva di mira, quella che aveva distrutto la coscienza morale di un intero Paese e lo aveva reso docile al fascismo. Docile e partecipe. Don Milani fece quella lezione che i nostri professori e presidi non fecero.

Ma quella lezione è da fare anche oggi, e sempre, nelle nostre scuole, oggi più che mai con il fascismo e il nazismo che si riaffacciano, e con la propaganda che addita negli stranieri i nuovi nemici da cacciare. Perché non si resti in silenzio ancora una volta.

«l'Adige», 16 aprile 2018

QUANTI NE LASCEREMO MORIRE?

Quanti ne lasceremo morire? Ieri sono morti altri 100 esseri umani nel Mediterraneo, nel mare di Libia, mentre i capi d'Europa litigavano su come non salvarli. Non li salvi tu? Non li salvo nemmeno io. Infinita miseria d'Europa.

Ma quale civiltà c'è da difendere? E da chi? Noi siamo gli assassini dei nostri più grandi valori. La civiltà europea affoga nel mare insieme agli infelici che essa si rifiuta di salvare. E questo crimine si compie tra gli applausi delle folle. Il Mediterraneo è il nuovo Colosseo. Tutti, o quasi, col pollice rovesciato. Che muoiano, grida il popolo. Nel circo della politica non c'è posto per la pietà. Il cambiamento è solo un ritorno al Colosseo. Una delle tante vergognose regressioni partorite dalla modernità europea. Spacciata per civiltà. Cos'è una civiltà? Quando i voti valgono più degli esseri umani la civiltà è morta.

Quanti ne lasceremo morire? L'estate sta riempiendo le spiagge del Mediterraneo. Stesi al sole milioni di italiani e di europei si godranno lo stesso bellissimo mare che sta uccidendo centinaia di esseri umani, loro fratelli e sorelle. Che non vogliono salvare. Già, alzate pure il volume della musica che non si sentano le urla di chi sta affogando. Che non si sentano i bollettini giornalieri della terza guerra mondiale con i loro freddi elenchi di numeri di morti. Numeri che ci annoiano, non ci infastidiscono neanche più. Ci annoiano. Ma ogni numero è una vita alla quale non abbiamo riconosciuto il diritto di esistere. Il dramma è, e questo è il vero segno che siamo morti dentro, che non ci importa.

Quanti ne lasceremo morire? Le navi delle Ong che stanno facendo quello che i governi non vogliono fare, cioè salvare vite umane, verranno bloccate. Intervengano le navi degli Stati se non vogliono quelle delle Ong. Ma se gli Stati non vogliono, chi salverà quegli infelici? La Guardia costiera libica? Con quale credibilità dopo tutto quello che abbiamo visto e che è stato documentato in questi anni? Rapporti delle Nazioni Unite, denunce delle organizzazioni umanitarie internazionali, come Medici Senza Frontiere e Amnesty International, racconti di giornalisti di tutto il mondo, testimonianze di profughi, a centinaia, a migliaia, ci dicono una sola cosa: la Libia è un inferno per i profughi, i diritti umani sono calpestati a piacimento, i centri di detenzione sono più simili a dei lager.

L'unico a vedere una bella struttura di accoglienza in Libia è stato il ministro Salvini. Come quando l'illustre governante di turno andava in visita nella Russia di Stalin o nella Germania di Hitler o nella Cambogia di Pol Pot. Le prigioni? Trattati bene, ne ho vista una davvero bella. E poi sono tutti così cortesi e gentili. Ci si possono fare assieme degli accordi. Diamogli un po' di armamenti. D'altronde la strada è stata aperta dal ministro di sinistra Minniti.

Quanti ne lasceremo morire?

Intanto, sotto il sole cocente, quello stesso sole che abbronza i nostri europei che ascoltano musica in spiaggia, migliaia di connazionali africani e asiatici delle povere vittime che affogano in mare lavorano come schiavi nelle nostre campagne, raccogliendo la bella frutta e la bella verdura che poi finisce sulle nostre tavole. Neanche per questi c'è pietà. Neanche per questi c'è giustizia. Non ci sono contratti di lavoro, non ci sono accoglienze dignitose. Lavorano per noi, ma per noi contano poco. Anzi, si possono uccidere come è stato fatto con Soumaila Sako, un lavoratore del Mali di 29 anni, ammazzato con un colpo di fucile un mese fa, il 2 giugno, nella piana di Gioia Tauro. Un lavoratore e un sindacalista che si batteva per i diritti dei suoi compagni di lavoro.[9]

Ma sanno gli italiani che se l'Italia ha una legge contro il caporalato, cioè l'intermediazione illegale e per lo più schiavistica tra lavoratore e padrone delle terre, è per merito delle battaglie civili degli immigrati? È per il coraggio di lavoratori stranieri come il

[9] Cfr. infra, pp. 130-132.

camerunense Yvan Sagnet che nel 2011 organizzò il primo sciopero dei braccianti immigrati dal quale nacque la prima legge italiana contro il caporalato?[10] Quanti lo ricordano? Aspettavamo delle braccia, sono arrivati degli esseri umani. Che ci hanno dato anche una legge di civiltà.

Quanti ne lasceremo morie? In questi anni ho ricordato più volte i versi del «Canto degli emigranti». Mai come in questo momento è necessario ricordarli ancora: «Vestiti di stracci, in grandi greggi, noi, carichi di un incredibile dolore, ci recammo nella terra grande e lontana. / Alcuni di noi affogarono davvero. / Alcuni di noi morirono davvero di stenti. / Ma per ogni dieci che morirono un migliaio sopravvisse e tenne duro. / Meglio affogare nell'oceano che essere strangolati dalla miseria. / Meglio ingannarsi da sé che essere ingannati dai lupi. / Meglio morire a modo nostro che essere peggio delle bestie».

Questo «Canto degli emigranti» non è di oggi, anche se ci parla di oggi. Perché parla della storia di sempre delle migrazioni. Lo cantavano gli emigranti tedeschi e italiani che salpavano per le Americhe alla fine dell'Ottocento.[11] Ricordare, dobbiamo. Ci basta ricordare per capire quello che sta accadendo e quello che dobbiamo fare.

«l'Adige», 30 giugno 2018

[10] Cfr. *supra*, pp. 13-17.

[11] J. Mangione - B. Morreale, *La storia. Cinque secoli di esperienza italo-americana,* SEI, Torino 1996, pp. XVIII-XIX.

DEMONI E ANGELI A BANI WALID

Il nome di Bani Walid evoca l'inferno dei lager libici. Almeno da quando la Corte d'assise di Milano, con una sentenza del 10 ottobre 2017, ha condannato all'ergastolo il somalo Osman Matammud per aver volontariamente causato la morte di 13 persone nel periodo, un anno e mezzo, in cui era stato responsabile della gestione del centro di raccolta di migranti di Bani Walid, cittadina situata a 170 chilometri a sud-est di Tripoli.[12]

Di Bani Walid la stampa nazionale e internazionale è tornata a parlare recentemente in seguito a un gravissimo episodio accaduto il 23 maggio 2018. Un centinaio di migranti detenuti nel centro-lager erano riusciti a scappare, ma erano stati inseguiti dai loro carcerieri che avevano fatto fuoco e almeno 15 erano stati uccisi. Per lo più giovanissimi, provenienti dall'Eritrea, dalla Somalia e dall'Etiopia. Una carneficina di innocenti. Più di venti feriti erano stati portati all'ospedale della cittadina, dove un gruppo di Medici Senza Frontiere affianca il personale locale.

Accanto ad alcuni centri di detenzione per migranti «ufficiali», gestiti cioè dalle autorità libiche, ci sono a Bani Walid, secondo alcune attendibili agenzie di stampa, almeno altri 20 centri di detenzione «illegali», gestiti dai trafficanti. I confini tra l'ufficialità e l'illegalità sono fragili. Ai migranti viene estorto denaro se vogliono essere liberati e tutto questo genera colossali affari che coinvolgono tanto i trafficanti quanto le autorità locali, militari e civili. Almeno una parte di esse. C'è una larga partecipazione alla spartizione del bottino. L'inferno dei lager libici è redditizio.

Ma nell'inferno di Bani Walid non ci sono solo demoni, ci sono anche angeli. Come l'Ong Medici Senza Frontiere, già ricordata, che settimanalmente invia da Misurata un équipe per collaborare con l'ospedale della città nella cura delle persone

[12] Di questa sentenza si parla più diffusamente alle pp. 79-82.

fuggite o liberate dai centri di detenzione, e che si presentano in condizioni spesso gravi per le violenze subite. Una presenza importantissima di soccorso e una voce attendibile su quello che sta accadendo.

Una corrispondenza di Vincenzo Nigro, inviato di «Repubblica», pubblicata sul quotidiano il 23 giugno 2018, ci racconta adesso una nuova storia. Ci sono anche tanti libici tra gli angeli di Bani Walid. Noi abbiamo spesso un'idea sbagliata dell'Africa, ignoriamo il ruolo importante della sua società civile, sia socialmente che politicamente. Nigro ha intervistato il professor Hosin Mohammed che guida un gruppo di volontari che accolgono nelle «case sicure» i profughi che fuggono dai lager. «Abbiamo iniziato a raccoglierli un anno e mezzo fa: i primi due li abbiamo trovati nella discarica della spazzatura, i trafficanti li avevano gettati lì di notte. Erano stati torturati pesantemente, a uno avevano rotto le gambe. Non sapevamo cosa fare, abbiamo avuto paura a portarli in ospedale perché temevamo di essere scambiati noi per trafficanti. Li abbiamo curati alla meglio, ma poi abbiamo dovuto chiamare i medici. Uno è morto, ma l'altro lo abbiamo salvato. E da allora non ci siamo fermati». Il professor Hosin Mohammed è un ex gheddafiano, ha studiato negli Stati Uniti e insegnato inglese a Bani Walid e a Tripoli, ha subito il carcere. Dice: «Da quei primi due non ci siamo più fermati: tutti i malati, i feriti, i torturati che venivano scaricati dai trafficanti li abbiamo curati, prima in una casa, poi in queste due, che abbiamo battezzate "Albeit Alamen", le case sicure. Oggi tutti sanno che curiamo i migranti, le case sono aperte, ma nessuno entra, anzi chi può ci aiuta a curarli, farli mangiare, a sopravvivere». Medici Senza Frontiere e un medico locale li aiutano.

L'inviato di «Repubblica» si aggira per la casa, parla con i feriti, raccoglie le dolorose testimonianze di Yusuf del Senegal, Friday della Nigeria, Mohammed della Guinea Conacry. Presi, imprigionati, picchiati, torturati, costretti a pagare tramite i parenti ingenti somme per ottenere la libertà. Dentro una stanza c'è il caso peggiore, una donna eritrea distesa su un materasso. Scrive Nigro: «I trafficanti per trasportarla l'hanno legata come un capretto, poi l'hanno gettata dal camion. Non è chiaro se abbia il bacino fratturato o cosa altro, ma qui non ci sono raggi X». Il professor Hosin soffre per tutto questo, per la situazione del suo Paese, perché Bani Walid (80 mila abitanti) passa come la città dei trafficanti, un luogo dove c'è anche un «mercato» degli schiavi: «Bani Walid è stata cancellata dal governo di Tripoli, non ci mandano aiuti, non ci mandano polizia. I trafficanti di notte sono pericolosi. Non c'è un "mercato" degli schiavi, perché con la violenza a questi uomini e donne possono far fare tutto. Tutta Bani Walid ci aiuta, perché noi non sopportiamo questo marchio di infamia e perché la nostra anima, la nostra religione sacrosanta ci impone di aiutare questi disperati».

Due giorni dopo la pubblicazione di questa corrispondenza, un mese dopo la carneficina di profughi che fuggivano dal centro di detenzione, sette mesi dopo la storica sentenza della Corte d'assise di Milano che condannava all'ergastolo l'aguzzino di Bani Walid, il 25 giugno il neo ministro dell'Interno italiano, Matteo Salvini, fa una visita lampo a Tripoli (poche ore) e poi dichiara: «Ho chiesto di visitare un centro di accoglienza per migranti in costruzione, un centro all'avanguardia che potrà ospitare mille persone. Questo per smontare la retorica in base alla quale in Libia si tortura e non si rispettano i diritti umani». Si è complici dei demoni dicendo che non esistono.

Giugno 2018

LE NOSTRE INVASIONI E LA STRAGE DI ADDIS ABEBA

Se avete paura degli africani, se avete paura dei neri, perché siete perseguitati da storie infantili o perché guardate le trasmissioni terroristiche della berlusconiana Rete 4, se continuate a ripetere «questa è un'invasione» e «stiano a casa loro», non andate dallo psicologo, o dal barista, né cercate di spostare più a destra il vostro partito. O di spostarvi voi a destra. Curatevi con un libro. Funziona, ve l'assicuro. Vi assicuro che la paura degli africani vi passerà. Vi passerà la paura dell'uomo nero. Scoprirete di avere paura dell'uomo bianco, dell'uomo bianco italiano. Paura di noi stessi. È una cura dolorosa, ma a mali estremi, estremi rimedi.

Il libro medicina è *Il massacro di Addis Abeba. Una vergogna italiana* di Ian Campbell, da poco uscito in Italia.[13] L'autore è uno storico inglese che insegna all'Università di Addis Abeba ed è esperto di storia del colonialismo italiano sul quale ha già scritto importanti libri, mai però pubblicati in Italia. In 660 pagine, corredate di molte fotografie, Campbell riassume 25 anni di ricerche su questo terribile crimine, avvalendosi anche di molte testimonianze di persone che non ci sono più.

La mattina del 19 febbraio 1937, un venerdì, il generale Rodolfo Graziani, viceré d'Etiopia, conquistata dagli italiani l'anno prima, convoca 3000 etiopi nel piazzale di Palazzo Gennete-Li'ul, ad Addis Abeba, per la distribuzione delle elemosine. Sono soprattutto ciechi, disabili, mendicanti, madri con bambini, notabili, sacerdoti (gli etiopi, com'è noto, sono cristiani copti). Il recinto del piazzale è presidiato da molti soldati italiani, camicie nere, carabinieri. Sono piazzate anche molte mitragliatrici. C'è preallarme su possibili attentati della resistenza etiope.

[13] I. Campbell, *Il massacro di Addis Abeba. Una vergogna italiana*, traduzione di M. Cesa e N. Pomilio, Rizzoli, Milano 2018.

E infatti, dopo l'infuocato discorso del viceré, e dopo l'inizio della distribuzione delle elemosine, scoppiano una dietro l'altra tre granate che avevano di mira proprio Graziani, noto, al pari di Badoglio, per i suoi efferati crimini contro la popolazione civile, con l'uso dei gas, le feroci rappresaglie, le deportazioni e le morti in campi di concentramento, in Libia prima e in Etiopia poi.

Graziani è ferito e portato in ospedale. Se la caverà con poco. Vi sono altri feriti, ma nessun morto. Immediatamente parte la folle reazione degli italiani che cominciano a sparare sugli etiopi presenti e rinchiusi nel piazzale. Gli italiani usano anche le mitragliatrici. È una carneficina. I tremila etiopi, donne, bambini, poveri, disabili, ciechi, sacerdoti, notabili sono sterminati. Si salveranno in pochissimi. Ma è solo l'inizio della strage, perché questa si sposta all'esterno del palazzo. Da quel venerdì mattina, per il calendario etiope Yekatit 12, che diventerà il triste nome con cui viene ricordato il massacro, e fino all'alba del lunedì, gli italiani scateneranno l'inferno su Addis Abeba e i suoi abitanti.

Soldati, carabinieri, camicie nere, ma anche moltissimi civili italiani, ottenuta «carta bianca» da chi comanda, e quindi la certezza dell'impunità, uccidono tutti gli etiopi che incontrano per strada, danno fuoco alle case e alle capanne e sparano ai fuggitivi, o li rigettano tra le fiamme, bambini compresi. I civili ammazzano gli etiopi usando badili, vanghe, martelli, bastoni, spranghe di ferro, pietre. Lo testimonia anche Ciro Poggiali, fascista, inviato del «Corriere della Sera», nel suo diario tenuto segreto e pubblicato soltanto nel 1971: «I civili girano armati di manganelli e di sbarre di ferro, accoppando quanti indigeni si trovano ancora in strada [...] Vedo un autista che dopo aver abbattuto un vecchio negro con un colpo di mazza gli trapassa la testa da parte a parte con una baionetta. Inutile dire che lo scempio si abbatte contro gente ignara ed innocente [...] In tutta la città massacrarono tantissime persone. Orribile. Una vergogna per l'Italia».[14]

Campbell cita un altro italiano presente, Antonio Dordoni:

[14] *Ivi*, p. 182.

«Molti di questi forsennati li conoscevo personalmente. Erano commercianti, autisti, funzionari, gente che ritenevo serena e del tutto rispettabile».[15] E poi il sergente maggiore Boaglio, che nelle sue memorie, pubblicate dal figlio dopo la sua morte, scrive di aver assistito a scene «così spaventose che non riuscirò mai a cancellarle dalla mente. Giovani ufficiali che erano modelli di lealtà e di educazione, divennero, di punto in bianco, volgari predatori e assassini».[16] I soldati usarono i carri armati per schiacciare i prigionieri ammassati in vari centri, le camicie nere saccheggiarono la chiesa di San Giorgio e se non fosse stato per un colonnello dei granatieri che si oppose, vi avrebbero bruciato vivi 50 giovani diaconi, legati. Uno dei pochi esempi di opposizione da parte di italiani ai massacri. Campbell ricorda tra questi anche Carlo Avolio e Gherardo Della Porta, due alti funzionari dell'amministrazione italiana, gli unici, che cercarono più volte di fermare il massacro. Furono numerosi, invece, i casi di ascari eritrei, inquadrati nelle truppe italiane, che si rifiutarono di partecipare al massacro e che per questo furono uccisi dagli italiani. Eroi della coscienza quegli ascari rimasti sconosciuti. Nessun militare, nessun civile, nessun missionario italiano fu capace di tanto. Campbell ricorda anche altri «eroi misconosciuti» che cercarono di salvare vite umane, in gran parte dimenticati: «Chi sa quanti parenti, amici e perfino stranieri sacrificarono la loro vita per opporsi alle bande scatenate di fascisti, nello sforzo disperato di proteggere gli innocenti?»[17]. L'autore ha raccolto dai testimoni alcune storie. E poi ricorda il coraggioso ruolo del console della legazione statunitense, Cornelius Enger, e di Hermann Bahlburg, direttore della Missione evangelica tedesca Hermannsburg di Qechené.

Gli ascari eritrei, gli altri eroi per lo più sconosciuti, alcuni (troppo pochi) italiani, e poi Enger e Bahlburg e i loro collaboratori, tennero viva in quell'ora delle tenebre la speranza nell'umanità. La speranza che c'è sempre qualcuno che sceglie di dire no

[15] *Ivi,* pp. 175-176.
[16] *Ivi*, p. 178.
[17] *Ivi*, pp. 397-398.

al male, anche a costo della propria vita, e cerca di salvare la vita degli altri. Loro dimostrarono, ancora una volta, che non siamo per forza schiavi del male.

In quei tre giorni di strage ad Addis Abeba, città di centomila abitanti, gli italiani uccisero, secondo la documentata stima di Campbell, 19.200 etiopi, innocenti e disarmati. Una spaventosa carneficina. Nei mesi seguenti, le stragi di civili continueranno, come nel grande monastero di Debré Libanos, centro della spiritualità copta, dove, alla fine di maggio, l'esercito italiano, alla ricerca dei due eritrei responsabili dell'attentato, massacrerà per rappresaglia più di 2000 persone, tra monaci, giovani diaconi e pellegrini. Ma non è possibile dimenticare che due anni dopo, tra il 9 e 11 aprile del 1939, ci sarà un'altra terribile strage, quella di Zeret, dove usando il gas e le esecuzioni sommarie, l'esercito italiano sterminerà tra i 1200 e i 1500 etiopi civili, anziani, feriti, servi, donne, bambini, parenti degli uomini in armi.[18]

Ma, ricorda Campbell, non ci fu nessuna Norimberga per i criminali italiani. Nessuno di loro fu processato, né l'Italia volle mai fare i conti con quel suo feroce passato. Lo storico Nicola Labanca ha calcolato in circa 300 le memorie pubblicate di italiani reduci dalla guerra d'Etiopia, e tutte nascondono i crimini, tranne un paio. Molte di queste memorie sono pubblicate sotto il fascismo, ma molte nel dopoguerra repubblicano, periodo in cui l'Italia e gli italiani, scrive Labanca, «hanno fatto quasi di tutto per non ricordare il tempo della guerra d'Etiopia, o per ricordarlo a loro esclusivo vantaggio».[19]

Angelo Del Boca, che oggi ha 93 anni, e che è il primo italiano ad aver avuto il coraggio di studiare a fondo e a raccontarci con verità, in molti libri, i fatti e i misfatti del nostro colonialismo, scriveva nel 1992:

[18] Cfr. M. DOMINIONI, *Lo sfascio dell'impero. Gli italiani in Etiopia 1936-1941*, prefazione di A. Del Boca, Laterza, Roma-Bari 2008; A. BOAGLIO, *Plotone chimico. Cronache abissine di una generazione scomoda*, a cura di G. Boaglio e M. Dominioni, Mimesis, Milano 2010.

[19] N. LABANCA, *Una guerra per l'impero. Memorie della campagna d'Etiopia 1935-36*, Il Mulino, Bologna 2005, p. 409.

> La rimozione, nella cultura del nostro paese, del fenomeno del colonialismo e degli arbitri, soprusi, crimini, genocidi ad esso connessi, è quasi totale. A più di cento anni dallo sbarco a Massaua del colonnello Tancredi Saletta e a mezzo secolo dall'aggressione fascista all'Etiopia, l'Italia repubblicana e democratica non ha ancora saputo sbarazzarsi dei miti e delle leggende che si sono formati nel secolo scorso, mentre una minoranza non insignificante li coltiva amorevolmente e li difende con iattanza. Vittorio Bottego, ad esempio, è ancora ritenuto un eroe purissimo, mentre alla luce dei fatti e considerando il tanto sangue sparso durante le sue scorrerie in Etiopia alla testa di bande di ergastolani, dovrebbe essere classificato tra i criminali e gli avventurieri della peggior specie. Ma non c'è città italiana che non gli abbia dedicato una via o una piazza mentre Parma gli ha eretto un faraonico monumento in bronzo. Questo non è che un esempio, anche se il più scandaloso, tra i mille che si potrebbero citare.[20]

Del Boca ricorda due casi emblematici di smemoratezza e occultamento della verità storica. Quello di Indro Montanelli, il «principe» dei giornalisti italiani, che a lungo negò, contro lo stesso Del Boca, che gli italiani avessero usato i gas in Etiopia, per poi essere costretto da prove inconfutabili ad ammetterlo. E il caso di Renzo De Felice, «principe» degli storici italiani del fascismo e dei biografi di Mussolini, che liquidò la questione dei gas con una sola riga e fu indulgente sia con le imprese coloniali di Mussolini sia con Rodolfo Graziani, sicuramente, afferma Del Boca, «il peggior boia che libici ed etiopici abbiano conosciuto».[21]

La nostra visione dell'Africa e il nostro razzismo, che in tempi di migrazioni emergono diffusamente nel nostro Paese, hanno in questa memoria debole e faziosa delle nostre imprese coloniali, affermano Del Boca e Labanca, una delle loro più profonde radici. Una constatazione che dovrebbe spingere le scuole, la

[20] A. Del Boca, *L'Africa nella coscienza degli italiani. Miti, memorie, errori, sconfitte*, Laterza, Roma-Bari 1992, p. 114.
[21] *Ivi*, p. 122.

cultura, la società civile ad aprire finalmente questa pagina della nostra storia, ormai ben documentata, a leggerla, a meditarla. Dobbiamo farla conoscere perché diventi patrimonio di tutti, della coscienza del nostro popolo.

Per la strage di Addis Abeba e per gli altri crimini italiani, l'Etiopia chiese invano giustizia, sia all'Italia sia in sede internazionale. Né il nostro Paese ha saputo finora ammettere le proprie responsabilità e chiedere per lo meno scusa agli etiopi. Ben altro fu invece l'atteggiamento degli etiopi nei nostri confronti. Quando nel maggio 1941 l'imperatore Hailé Selassié ritornò con gli inglesi ad Addis Abeba, nel suo primo discorso si soffermò a lungo sulle atrocità commesse dagli italiani, ma ordinò che non ci fosse nessuna vendetta. Disse: «Non ripagate dunque il male con il male. Non vi macchiate di atti di crudeltà, così come ha fatto sino all'ultimo istante il nostro avversario». E così fu. Nemmeno un capello fu torto agli italiani presenti nel Paese.[22] Gli etiopi ci diedero una grandiosa lezione, di umanità e di cristianesimo. E noi eravamo andati a convertirli. A civilizzare quella «razza inferiore», quelle «orde di selvaggi», quelle «bestie abissine», come martellava la propaganda fascista per disumanizzare gli etiopi e scatenare la ferocia italiana. Leggete il libro di Campbell. È un pugno nello stomaco. Ma guarirete dalla paura dei neri e sorriderete delle loro invasioni. Penserete alle nostre, e comincerete, con dei brividi lungo la schiena, a chiedervi: ma noi, noi italiani, chi siamo?

Giugno 2018

[22] Campbell, *Il massacro di Addis Abeba*, cit., p. 454.

GUERRA AI POVERI

Sul palco allestito all'aperto, vicino all'auditorium ex Santa Chiara, nel centro di Trento, coperto da un tendone, dove la sera si esibiscono gruppi musicali, va in scena la rappresentazione più vera della nostra società. Lo spettacolo più sincero. Alcuni senzatetto dormono avvolti nelle loro coperte. Nel cuore della nostra città, nel cuore del potere e del benessere, i poveri più poveri, quelli che non hanno proprio nulla, si prendono due metri quadrati, dove li trovano, per dormire. Se li prendono nel cuore di tutte le città del mondo e mettono in scena la verità del nostro mondo: la disuguaglianza più vergognosa.

Sono esseri umani, non hanno nulla, ma fame e sonno sì. E dignità. Non vogliono sparire da qualche parte. Si fanno vedere, sfidano lo sdegno ipocrita dei benpensanti e l'odio del leghista di turno, puntuale come la grandine d'estate. Tutti li cacciano, tutte le città fanno di tutto per espellerli: ordinanze, panchine invivibili, sottoponti inabitabili. Un consigliere comunale leghista scatta delle foto e le invia a giornali, tv, social, col commento «Il degrado a pochi passi dal palazzo del vescovo», e poi, «Una politica di buonismo che purtroppo ha danneggiato solo chi rispetta le regole». Il degrado è il suo. Il degrado è fare la guerra ai poveri. Invece di fare la guerra alla povertà si fa la guerra ai poveri. Invece di combattere la miseria, le guerre, il traffico di armi, le disuguaglianze si fa la guerra alle loro vittime: i profughi, i migranti, i senzatetto. Il degrado di una civiltà è questo. Un degrado che sta contagiando l'intera società.

Cari consiglieri comunali con la passione della fotografia e della denuncia del degrado: se non siete capaci di dare un tetto ai più poveri avete fallito la vostra missione. Almeno provateci. Almeno scandalizzatevi, non dei poveri che esistono, ma della povertà che la nostra società produce. E provate a cambiarla questa società. Scandalizzatevi dei dormitori chiusi d'estate in questa città. Provate ad aprirli. Finanziate la loro apertura. Come finanziate tante iniziative per quelli che stanno bene, o benissimo. Dove dovrebbe dormire una persona senzatetto? Sulle nuvole? Siete voi che dovete organizzare un decente servizio di accoglienza per i più poveri. Ma vi piace fare la guerra ai poveri invece di farla alla povertà. Il degrado è questo.

«l'Adige», 19 luglio 2018

AIGUES-MORTES, IL LINCIAGGIO DEI MIGRANTI ITALIANI

Ci sono voluti 125 anni perché la cittadina francese di Aigues-Mortes ricordasse con una targa il massacro del 17 agosto 1893 che costò la vita a 10 emigranti italiani. Uno dei capitoli più dolorosi della storia della nostra emigrazione, poco conosciuto anche in Italia. Un feroce linciaggio nato da un clima di odio verso gli immigrati italiani, ingigantito da false notizie.

Aigues-Mortes (*acque morte* in italiano antico) sorge in una zona paludosa sulla costa meridionale, nella regione Occitania, a una trentina di chilometri da Montpellier. Oggi conta 8.000 abitanti. È una borgata famosa per la sua storia medievale, in quanto porto per la partenza delle crociate di Luigi IX, e per le sue saline, che oggi occupano una superficie di diecimila ettari. Alla fine dell'800 erano molti gli emigranti italiani, soprattutto stagionali, nella Francia meridionale. A Marsiglia, ad esempio, distante un centinaio di chilometri da Aigues-Mortes, c'erano 60.000 lavoratori italiani su 360.000 abitanti.[23] La depressione economica che colpiva la Francia in quegli anni, un virulento nazionalismo di destra e i pessimi rapporti politici con l'Italia alimentavano una diffusa ostilità verso gli italiani.

Per molti francesi, e per molta stampa, gli italiani erano dei «ladri di lavoro», una delle cause della miseria e della disoccupazione, disposti a farsi sfruttare, portatori di una cultura diversa e più primitiva, violenti, facili a delinquere, insolenti, «sporchi, tristi, straccioni», generalmente di dubbia moralità, «merce nociva». Per i francesi erano i maggiori responsabili di «furti, stupri, risse, omicidi». La stampa, soprattutto quella di destra, ma non solo, come puntualmente documenta il libro di Barnabà,

[23] Per tutte le informazioni attingiamo al bel libro di Enzo Barnabà, *Aigues-Mortes, il massacro degli italiani*, Infinito Edizioni, Formigine (MO) 2015.

diffondeva la psicosi dell'invasione. C'è il rischio, si diceva, che l'elemento francese cessi di essere prevalente. Presto ci tratteranno come dei conquistati. Per Maurice Barrés, leader dei nazionalisti, estremista e razzista, gli immigrati italiani erano dei «barbari» in confronto al «dolce» popolo francese, bisognava esaltare i valori di nazione e di razza e difendere il carattere speciale dell'identità francese. Sembra di essere nell'Italia di oggi. Il nazionalismo, il razzismo, la xenofobia hanno gli stessi pensieri, lo stesso linguaggio, sempre e ovunque. Sono una ideologia che fa parte dell'armamentario ben collaudato delle guerre politiche. E che fa sempre presa. Crea facili nemici, ottiene veloci risultati. Ma come la usi facilmente contro gli altri, questa funesta ideologia, gli altri la usano facilmente contro di te. È una peste che contagia ogni società e lascia dietro di sé, ovunque, rovine e lutti.

All'epoca del massacro, il Comune di Aigues-Mortes contava 4000 abitanti. Vivevano di pesca, di viticoltura e dell'attività di una ventina di saline (il sale era chiamato l'«oro bianco»), appartenenti a piccoli proprietari, che occupavano stabilmente una sessantina di operai francesi, ma che durante il raccolto del sale, che durava una quindicina di giorni, da metà agosto ai primi di settembre, impiegava 800 lavoratori stagionali francesi e 500 italiani. Un lavoro massacrante che richiedeva in un breve arco di tempo un gran numero di lavoratori che non era possibile reperire in loco.

Le compagnie proprietarie delle saline trattavano coi capisquadra, i *bayles*, i caporali. Erano questi che assumevano i lavoratori, si prendevano la loro parte di guadagno sia dalla paga del lavoratore sia fornendogli il vino, sul quale speculavano, come i caporali fanno oggi sull'acqua, il pasto, il viaggio con i raccoglitori di arance e pomodori. Gli operai vivevano in baracche di legno coperte di paglia. La giornata durava 11 ore, dalle 6 alle 6, con un'ora di pausa in mezzo. Il lavoro era a cottimo. Consisteva soprattutto nel trasportare con la carriola il sale per 300-400 metri e lungo ripide passerelle di legno in cima alle *camelles*, i mucchi di sale a forma di piramide, che arrivavano a oltre 7 metri di altezza. A volte venivano tagliati i piedistalli alle carriole (lo si vede in una foto) per scoraggiare le soste. Era un quintale di sale ogni viaggio. Facevano il resto il caldo torrido, il tormento delle piaghe da contatto col sale (gli operai calzavano zoccoli), il pericolo della malaria, la penuria d'acqua. Molti operai francesi dopo un paio di giorni mollavano e andavano a cercarsi un altro lavoro. Un canto operaio francese parlava di quel lavoro come di una punizione per i peggiori galeotti, perché per finire lì bisognava «aver ucciso il padre e la madre».

La mattina del 16 agosto nelle saline di Aigues-Mortes scoppiano i primi incidenti tra operai francesi e italiani per futili motivi. Ne nasce una rissa. Arrivano i gendarmi e un magistrato, un italiano è arrestato. Protestano gli italiani e viene liberato. Ma in città arrivano false notizie, ingigantite ad arte, di aggressioni e pugnalate a danno dei francesi e di uccisi tra questi. È come l'accensione di una miccia nell'esasperato clima xenofobo di quegli anni. Dalle parole alle armi. Una folla armata di randelli e fucili si avvia verso le saline e aggredisce tutti gli italiani che incontra. È una «caccia all'orso», uno dei nomignoli, assieme a «macharonis», affibbiati ai nostri emigranti. Questi cercano scampo nelle paludi, trovano rifugio in alcuni edifici pubblici, in case private, nel panificio, nella casa del parroco, don Mauger, che continuerà a difendere gli italiani. Ci sono i primi morti e feriti. La folla non è spontanea, ma è guidata, e assedia per tutta la notte, lanciando urla di morte, gli edifici che hanno accolto gli italiani. Il giorno dopo il prefetto e il sindaco annunciano che gli operai italiani sono stati licenziati e che lasceranno in treno la città. Molti l'hanno già fatto. La colonna degli 80 emigranti rimasti lascia le saline e si avvia verso la stazione, scortata da alcuni gendarmi. Ma è aggredita da un corteo di francesi armati di fucili, pietre, bastoni, forche. All'aggressione partecipano anche donne e ragazzini. È un fuggi fuggi. Gli italiani vengono inseguiti e colpiti. Alcuni francesi, come la signora Goulay e la signora Gravier, difendono gli italiani. Don Mauger con enorme coraggio cerca di placare gli aggressori, fa trasportare i feriti in luogo sicuro, assiste i moribondi. La stampa nazionalista lo attaccherà per questo duramente. Quando le forze dell'ordine riescono ad avere la meglio si contano 9 morti di emigranti italiani e 96 feriti. La decima vittima viene individuata più tardi. I morti sono sepolti frettolosamente. Sono cinque piemontesi: Carlo Tasso, Vittorio Caffaro, Bartolomeo Calori, Giuseppe Merlo, Giovanni Bonetto; un ligure, Lorenzo Rolando; un lombardo, Paolo Zanetti; un toscano, Amaddio Caponi, che muore all'ospedale di Imperia nel viaggio di ritorno. Il nono rimane non identificato. Il decimo pure è non identificato, ma con ogni probabilità si tratta di Secondo Torchio, di Asti.

Il massacro ha una enorme risonanza. In Francia la stampa minimizza e addossa le colpe agli italiani, sfoderando i peggiori stereotipi. In Italia le proteste sono veementi, ci sono manifestazioni anti-francesi in molte città. Si esagera anche sul numero dei morti, parlando di centinaia. Il processo si svolge dal 27 al 30 dicembre dello stesso anno. Un avvocato per gli italiani, 12 per i francesi. Il procuratore generale non si lascia influenzare e chiede severe condanne. Ma il processo si chiude con l'assoluzione generale degli imputati. Aigues-Mortes archivierà il massacro. Le storie locali lo ignoreranno, fiere delle memorie locali di Luigi IX, San Luigi dei Francesi. Soltanto adesso, il 17 agosto 2018, in occasione del 125° anniversario, è stata apposta sulla facciata del Municipio una piccola targa. Vi è riprodotta una immagine d'epoca del panificio dove trovarono rifugio i *saliniers* italiani, insieme alla scritta: «In memoria dei dieci operai italiani vittime della xenofobia durante gli eventi del 17 agosto 1893. In omaggio ai giusti: Jacques Eugène Mauger (abate), Adelaide Fontaine, nata Vical (panettiera), Madame Goulay. E ai cittadini di Aigues-Mortes che diedero prova di coraggio e di umanità». Un primo passo apprezzabile, ma i nomi degli italiani uccisi non ci sono. Ma non è che noi italiani di quel massacro e di quelle vittime abbiamo fatto più degna memoria.

Agosto 2018

QUELLI CHE RISPONDONO ALLA CAMPANA

Ci sono parole che attraversano i secoli e arrivano a noi più giovani che mai, perché attingono alla verità umana più profonda, non a quella del momento. Tali sono quelle della poesia «Nessun uomo è un'isola» del poeta inglese John Donne vissuto quattro secoli fa. La poesia sarà letta all'inizio di ciascuna delle centodieci iniziative della «Settimana dell'accoglienza», promossa dal Cnca regionale, che da sabato 20 settembre a domenica 7 ottobre animeranno quaranta paesi e città del Trentino-Alto Adige.

> Nessun uomo è un'isola, intero in sé stesso.
> Ogni uomo è un pezzo del continente,
> una parte della terra.
> Se una zolla viene portata via dall'onda del mare,
> l'Europa ne è diminuita,
> come se un promontorio fosse stato al suo posto,
> o una dimora amica,
> o la tua stessa casa.
> Ogni morte di uomo mi diminuisce,
> perché io partecipo dell'umanità.
> E così non mandare mai a chiedere per chi suona la campana:
> essa suona per te.

Ogni giorno decine, centinaia di persone escono di casa per dare una mano a qualcuno. Rispondono alla campana. Sentono di non poter restare indifferenti. Condividono sofferenze, accompagnano nella battaglia della vita altri esseri umani meno fortunati e più fragili. Vanno in una residenza per anziani, in un centro di accoglienza per rifugiati, in una cooperativa per disabili, in un carcere, in una mensa per persone povere, in una casa che ospita persone in difficoltà. Accolgono i dolori e le speranze degli altri e li fanno propri. Sentono di essere dei privilegiati in salute e in benessere e di non averlo meritato più di quelli che ne sono stati privati dalle vicende della vita. Vedono occhi, volti, lacrime, sorrisi, speranze. Non vedono certificati anagrafici. Sentono che i «nostri» sono tutti gli esseri umani.

Quegli innocenti annegati in mare che sognavano una vita nuova li sentono come fratelli e come sorelle perduti. Pezzi strappati dal nostro continente umano. Sentono il dolore e l'orrore di tutto questo. L'orrore di una politica che non fa quello che dovrebbe fare per salvare quelle vite umane. Sentono la vergogna di appartenere a un tempo e a un popolo che non si vergognano più di questo orrore. Che addirittura se ne vantano. Sentono anche un senso di colpa per non essere riusciti a impedire tutto questo.

La «Settimana dell'accoglienza» farà emergere quel Trentino e quell'Alto Adige che sono orgogliosi di accogliere, di aprire la propria vita alle povertà, alle fragilità, alle solitudini sempre più diffuse nella nostra società. Drammaticamente diffuse.

Il mondo di domani avrà bisogno di aria pulita, di acqua pulita, di energia pulita per non morire. Ma avrà un enorme bisogno anche di accoglienza. Di umanità accogliente, pronta ad aiutare e soccorrere. Di persone che si alzano e rispondono quando sentono la campana. Che non si voltano dall'altra parte. Che non si chiedono cosa ne pensano gli altri. Ma che si alzano e rispondono.

«l'Adige», 27 settembre 2018

LA BUONA ACCOGLIENZA È LA PRIMA SICUREZZA

Fare di tutto perché le persone non finiscano a vivere in strada è un dovere sacro per una comunità. Le nostre società continuano invece a gettare persone in strada: poveri, profughi, caduti nella battaglia della vita. E poi ci scandalizziamo e gridiamo al degrado. Protestiamo perché ne va della sicurezza. Certo che poi ci sono anche problemi di sicurezza. Ma è evidente che più persone lasciamo senza una dignitosa accoglienza abbandonandole al loro destino, e più le lasciamo in balìa di bande e malintenzionati, o in balìa della loro stessa disperazione che cerca una via di sopravvivenza, qualunque essa sia.

Siamo qui, a Rovereto, nei giardini della stazione dei treni, volutamente. Un luogo che accoglie tante persone in transito. Una dimora provvisoria e a dir poco precaria per chi non ha casa. Un luogo dove anche si spaccia. Lo spaccio di droga non l'hanno inventato gli stranieri. Era florido ben prima che arrivassero. Solo che gli stranieri hanno preso il posto degli italiani perché costano meno. Sono una manovalanza a basso costo, facilmente arruolabile. La droga poi la consumano per lo più gli italiani, e sempre di più, ma questo non scandalizza, si finge di non vedere la realtà. È la domanda di droga che alimenta lo spaccio. Ma le nostre società, specialiste in ipocrisia, non si scandalizzano di questo, non vedono la loro malattia interiore, i loro deserti. Il tema droga è quasi scomparso dal dibattito pubblico, eppure ha dimensioni e caratteristiche sempre più drammatiche.

No, non vogliamo guardare dentro noi stessi, chiederci quale senso della vita stiamo dando a tanti ragazzi, in quali solitudini li lasciamo, in quale povertà di relazioni familiari e umane li cresciamo. In quali vuoti spirituali. No, preferiamo scatenare la guerra quotidiana contro gli stranieri. Cui magari non abbiamo dato una dignitosa accoglienza, lasciandoli in balìa dei trafficanti di droga che li sfruttano per servire la domanda di droga degli italiani.

Nuotiamo nell'ipocrisia. Si cacciano i profughi dai progetti di accoglienza, si rifiuta loro un permesso di soggiorno, si riducono i progetti di integrazione, si tagliano i fondi, si gettano per strada persone che invece dovremmo accogliere e integrare. E poi ci lamentiamo se vivono in strada. Rifiutiamo di dare loro accoglienza e integrazione, e poi gridiamo al degrado. Nuotiamo nell'ipocrisia.

L'accoglienza è il primo pilastro della sicurezza. Meno persone lasciamo per strada, meno ci sono probabilità che finiscano nella rete della microcriminalità. Senza un permesso di soggiorno non si può cercare un lavoro, non si può avere un domicilio e si finisce per strada. Di che cosa dovrebbero vivere le persone che noi abbandoniamo per strada? Di aria?

Possiamo raccontare, al contrario, anche di tanti progetti di buona accoglienza di profughi e immigrati, grazie all'impegno di cooperative sociali, associazioni, enti pubblici, volontari. L'accoglienza positiva c'è, ha riconosciuto la dignità delle persone, ha fatto crescere le nostre comunità. Questa è la strada da percorrere, da rafforzare, non da indebolire o distruggere.

I poveri, i profughi e gli emarginati ci restituiscono il volto vero della nostra società. Produciamo guerre con la vendita di armi, un traffico colossale, e per prenderci le risorse energetiche e minerarie di cui le nostre società ricche hanno fame, e poi respingiamo i profughi che noi abbiamo creato.

Roviniamo il clima, e produciamo milioni di profughi ambientali, e poi innalziamo i muri contro di loro, contro le vittime.

Creiamo un mondo così ingiusto, con una disuguaglianza talmente spaventosa che l'80% dell'umanità è costretta a vivere col 5% della ricchezza del mondo, e poi respingiamo quelli che cercano da noi quel futuro dignitoso che è stato loro tolto.

Ma i poveri, i profughi, gli emarginati ci restituiscono anche il vero volto dei noi stessi. Ci ricordano che tutti siamo fragili, che tutti abbiamo avuto bisogno nella nostra vita, a partire dall'inizio, di essere accolti. Di essere accompagnati. Di essere aiutati a rialzarci quando cadiamo. Nella debolezza degli altri riconosciamo la nostra. Passata, presente, futura. È questa comune umanità che ci rende uguali nelle differenze. In questo riconoscerci tutti fragili e bisognosi di reciproca accoglienza ci sentiamo fratelli e sorelle.

Sintesi del dialogo col giornalista Paolo Mantovan svoltosi a Rovereto il 29 settembre 2018 nell'ambito della grande festa «St-azione accoglienza», promossa da numerose associazioni locali nei giardini della stazione ferroviaria durante la «Settimana dell'accoglienza».

LA FAKE NEWS ANTISEMITA SMONTATA DOPO CINQUE SECOLI

Facciamo sosta in questa antica contrada di Trento per ricordare che ottanta anni fa, nel 1938, il regime fascista varava le leggi razziali anti-ebraiche. Non possiamo dimenticare quelle vergognose leggi con le quali gli ebrei venivano considerati esseri umani di serie B e privati dei diritti fondamentali. Anche perché altre persone oggi vengono vergognosamente considerate esseri umani di serie B e private dei diritti fondamentali. Come i profughi e i migranti.

I bambini e i giovani ebrei venivano cacciati dalle scuole, donne e uomini ebrei venivano licenziati dai posti di lavoro pubblici. Una spaventosa ondata di razzismo, partita dai vertici del potere fascista, travolse in poco tempo il nostro Paese e furono pochissimi gli italiani che ad essa si opposero. L'ebreo era diventato il responsabile di tutti i mali e il nemico degli italiani.

Perché ricordiamo quelle leggi in questo luogo? Perché in questo quartiere, più di cinque secoli fa, avvenne un gravissimo episodio di antisemitismo che ha segnato per secoli la storia di questa città, e non solo. La sera del 23 marzo 1475, era il giovedì santo, un bambino cristiano di due anni e mezzo di nome Simone scomparve. Fu trovato morto la domenica di Pasqua vicino a una casa abitata da ebrei. Gli ebrei furono accusati di aver ucciso il bambino per usarne il sangue durante il rito pasquale. Quella degli omicidi rituali era un'accusa che veniva fatta girare da tempo in Europa per alimentare l'antisemitismo.

Non era vero. Gli ebrei non avevano nessuna colpa di quella morte. Era una fake news, come si dice oggi, una notizia falsa. Ma la furia antiebraica travolse la città. Quindici ebrei furono ingiustamente accusati dell'omicidio, sottoposti a un processo farsa, torturati per estorcere loro ammissioni che comprovassero le false accuse, infine giustiziati tra indicibili sofferenze. Nemmeno l'intervento dell'inviato di papa Sisto IV, il domenicano Battista de' Giudici, arrivato a Trento per seguire il processo, riuscì a salvare gli innocenti. Aveva constatato l'inconsistenza delle accuse e provato a fermare quella macchina di menzogne e di morte, ma senza alcun risultato. L'odio anti-ebraico si era impadronito della città, fomentato ad arte. Dopo quella strage di innocenti non vi fu più nessuna comunità ebraica a Trento.

Il piccolo Simone divenne ben presto a furor di popolo «San Simonino, morto martire per mano degli ebrei» e, dopo la freddezza iniziale, Roma ne ammise il culto. Per cinque secoli la città di Trento venerò con grande devozione il falso martire. Il culto si diffuse in altre regioni e nazioni.

Si dovette attendere il Concilio Vaticano II, nei primi anni '60 del secolo scorso, per ristabilire la verità. Grazie agli studi di un altro padre domenicano, il tedesco Willehad Paul Eckert, e dello storico monsignor Iginio Rogger, figura di primo piano della Chiesa trentina, e grazie alla volontà dell'arcivescovo di Trento, Alessandro Maria Gottardi, nel 1965 il culto del Simonino fu abolito. Gli studi avevano dimostrato con certezza che gli ebrei non avevano ucciso il bambino. Per cinque secoli i trentini avevano creduto in una fake news per la quale delle persone innocenti erano state torturate e uccise.

Ma molti fedeli protestarono. La città era affezionata al culto del Simonino. La consuetudine non voleva fare un passo indietro di fronte alla verità. Il parroco della chiesa di San Pietro, a pochi passi da qui, dove si veneravano le spoglie del bambino, era don Dante Clauser, il quale fronteggiò senza titubanze l'opposizione di una parte non piccola dei suoi fedeli, contrari all'abolizione del culto. Don Dante difese la verità tra moltissime accuse e incomprensioni.

Alcuni anni dopo don Dante fondò il Punto d'Incontro, la casa di accoglienza per le persone senza dimora della città, e divenne l'«amico di coloro che non hanno amici», come amava dire, dedicandosi totalmente a loro. Fu anche tra gli animatori del Coordinamento nazionale delle comunità di accoglienza (Cnca) e fraterno amico di don Luigi Ciotti, che oggi è qui con noi.

Con la storia del Simonino e dell'antisemitismo secolare, e con le vergognose leggi razziali fasciste di ottant'anni fa, ricordiamo perciò anche la bella figura di don Dante, a cinque anni dalla morte: un grande lottatore di speranza che con la sua testimonianza ha insegnato a questa città, e a noi, a essere sempre contro ogni razzismo, a stare sempre dalla parte degli esclusi, a non avere mai timore di difendere la verità.

Trento, 3 ottobre 2018, intervento alla «Camminata in ricordo delle vittime dell'immigrazione».

L'URLO SILENZIOSO DELLA LISTA

Tempo elettorale da noi, tempo di liste. Ciascuna con le sue promesse, ciascuna con le sue speranze. Ma c'è un'altra lista diffusa in questi giorni che incombe con il suo carico di promesse di vita e di speranze di futuro, annientate. Un carico immenso, il cui urlo silenzioso resterà come la nota dominante del nostro tempo. Anche del nostro piccolo tempo elettorale. E continuerà a farsi sentire nella storia, più di qualsiasi altro urlo che vorrebbe imporsi in questa inquietante stagione.

La lista è quella delle 34.361 persone migranti morte dal 1993 ad oggi nel tentativo di superare le barriere della fortezza Europa, per tutte loro promessa e speranza di futuro. L'ha pubblicata, con un supplemento di 104 pagine, il settimanale «Internazionale» in questi giorni in edicola.[24] La lista è già stata diffusa in altri Paesi e l'artista turca Banu Cennetoğlu da anni si dedica con tutta sé stessa a farla conoscere.

Kimpua Nsimba, un giovane di 24 anni proveniente dalla Repubblica Democratica del Congo (allora Zaire), morto suicida, trovato impiccato in un centro di detenzione per migranti cinque giorni dopo il suo arrivo in Gran Bretagna, apre la lista, anno 1993.

La seconda vittima è sconosciuta, come altre migliaia, è un N.N., *nescio nomen*. La lista ne indica, con l'anno, la provenienza, Jugoslavia, e ricorda che il suo corpo è stato trovato al confine tedesco-ceco.

La terza è pure sconosciuta, e di provenienza sconosciuta, affogata nel fiume Oder mentre cercava di attraversare il confine tra la Polonia e la Germania.

La quarta si chiamava Jaffarzadeh, iraniano, morto in prigione a Teheran dopo essere stato deportato dall'Austria.

Nella quinta casella di questa angosciante lista ci sono due

[24] «La lista», supplemento a «Internazionale», n. 1276, 5/10/ ottobre 2018.

N.N., una ragazza di 18 anni e un giovane di 25, romeni, morti il primo gennaio del 1993 nell'incendio doloso in un campo profughi del Baden-Württemberg, in Germania.

La lista continua, giorno dopo giorno, anno dopo anno, nome dopo nome, N.N. dopo N.N., per 104 pagine fittissime.

Gennaio 1999, Elvane Vuciterna, Tarik Vuciterna di 18 mesi, N.N. ragazza di 15 anni, e altre quattro vite spezzate e sconosciute provenienti dal Kosovo, la loro piccola barca affondata nel mare di Brindisi dopo essersi scontrata con un'altra barca.

12 settembre 2006, muoiono 250 persone, N.N., la loro nave scompare nel mare di Lampedusa dopo aver lanciato un SOS.

Dietro quegli N.N., che tali rimarranno per sempre, una moltitudine di volti, di storie, di famiglie, di sogni, di speranze. Anche soltanto leggere le scarne righe di questo elenco che le ricorda è come per un attimo restituirle alla vita. Fermarsi, anche per un momento soltanto, a pensare a quelle storie, a immaginare i loro volti, le loro case, le loro famiglie, i tanti discorsi per progettare quella partenza, i timori di chi resta, le rassicurazioni di chi parte, gli addii, gli abbracci, le promesse, le speranze è provare a ridare loro un nome.

Quanti corpi recuperati e sepolti nei cimiteri di tanti paesi della Sicilia e di altre regioni costiere italiane restano senza nome. Ogni tanto arriva dall'Africa qualcuno che cerca un proprio congiunto scomparso con la speranza di trovare qualche ricordo o qualche segno della sua morte. Terribile la morte insepolta.

La lista si chiude il 5 maggio 2018. Provvisoriamente, s'intende. Perché dei morti successivi, e sono stati ancora tanti, l'organizzazione che cura e aggiorna la lista, United for Intercultural Action, una Ong olandese che attiva una rete europea antirazzista, si prende il tempo necessario per raccogliere le informazioni e verificarle attentamente prima di pubblicare i nomi e le circostanze delle persone morte nel tentativo di raggiungere la fortezza Europa.[25]

[25] http://www.unitedagainstracism.org è il sito di United, dove si può trovare anche «la lista», periodicamente aggiornata.

La lista è chiusa da una casella con 4 N.N., un uomo morto e tre dispersi nell'affondamento di un barcone presso le coste di Tripoli, con 114 salvati, dopo che la Guardia costiera libica aveva impedito alle navi delle Ong di avvicinarsi. E questa vicenda ci riporta al nostro presente più che mai.

L'Ispi, l'Istituto per gli studi di politica internazionale, ha diffuso il primo ottobre scorso un rapporto in cui si afferma che il mese di settembre 2018 è stato quello con il tasso di mortalità più alto registrato da sempre: due persone su dieci di quelle che sono partite in settembre sono morte o disperse. Negli ultimi quattro mesi i migranti morti in mare lungo le rotte dalla Libia sono stati 867. L'allontanamento delle navi di soccorso delle Ong, la chiusura dei porti italiani, l'inaffidabilità della Guardia costiera libica sono le cause di questo record di morti rispetto al numero dei partenti.

E di tanti altri morti non sapremo mai nulla. Chi vede tutto quello che sta accadendo nel mare tra Libia e Italia? Chi conta davvero i morti? Leggere la lista pubblicata da «Internazionale» vuol dire anche pensare alla interminabile lista sconosciuta. A tutti quei volti e a quelle speranze annientate nel silenzio più totale e di cui la politica al potere nel nostro Paese porterà per sempre e senza sconti la responsabilità.

«l'Adige», 11 ottobre 2018

UN PUGNO DI ANIME LIBERE

La prima guerra mondiale fu uno spaventoso massacro, come si è ricordato in questi giorni, a Parigi come a Trento, a cento anni dalla sua fine. I soldati morti furono 10 milioni, i civili morti 7 milioni, secondo stime attendibili. Milioni furono i feriti e gli invalidi, 10 milioni i profughi.

E poi distruzioni ovunque. E ovunque ordigni che per decenni avrebbero continuato a uccidere e mutilare. E miseria, fame, orfani, vedove, invalidi. E ferite inguaribili negli animi delle persone e delle nazioni. E voglia di vendetta, e umiliazioni, e risentimenti, e voglia di rivincita.

La prima guerra mondiale generò il genocidio armeno, i totalitarismi, i loro stermini, il genocidio ebraico e un secondo spaventoso conflitto mondiale. Per questo quella prima grande guerra è impressa a fuoco nella nostra memoria collettiva. Oggi è ricordata con più verità di quanto non si sia mai fatto. Con meno retorica e finzioni.

Ma allora le élite politiche e i popoli si fecero suggestionare dalle ragioni e dalle emozioni con cui si giustificò quella sciagurata avventura. Tutti prigionieri di illusioni o bugie: la guerra giusta, la guerra sacra, la guerra breve, la guerra rigeneratrice. La guerra che porrà fine a tutte le guerre, l'illusione più patetica.

Eppure, non solo prima ma anche durante la guerra ci furono coloro che seppero vedere lucidamente cosa stava accadendo. Che non furono prigionieri di quelle illusioni, che denunciarono le menzogne. E che lo gridarono con immenso coraggio dai tetti finché fu loro permesso, e anche quando non fu loro permesso, pagandone le conseguenze. Con l'emarginazione, il discredito, la persecuzione, il carcere, l'esilio, subendo aggressioni, talvolta anche la morte.

Fu una piccola minoranza di pacifisti. Gli unici, veri realisti. Pochi, veramente pochi, ma presenti ovunque, in Italia, in Germania, in Austria, in Francia, in Inghilterra, negli Stati Uniti, e in altre nazioni. Oggi, come ieri, dimenticati nelle celebrazioni ufficiali. Non dalla ricerca storica, però.

Giusto un anno fa, dal 16 al 18 novembre, il Museo storico del Trentino organizzò un importante convegno internazionale a Trento, alle Gallerie di Piedicastello, sull'opposizione alla guerra e i pacifisti. E proprio in questi giorni, una delle relatrici a quel convegno, Bruna Bianchi, storica dell'Università Ca' Foscari di Venezia, ha dato alle stampe un magnifico libro, *L'avventura della pace. Pacifismo e grande guerra.*[26]

Frutto di dieci anni di ricerche, scritto benissimo, con rigore e sobrietà, ma con profonda partecipazione intellettuale e umana, il libro di Bruna Bianchi finora mancava. Esso rende compiutamente giustizia a quelle piccole, minoritarie, gigantesche storie di pacifisti e pacifiste. Voci spesso deboli e isolate, di uomini e di donne, ma che raccolte assumono, ricorda l'autrice, la dimensione del coro. Del coro, vien da dire, che come in una tragedia greca grida le verità più vere e più dolenti, mentre i protagonisti si scannano assurdamente tra di loro, travolti dalle loro passioni.

Allo scoppio della guerra, le organizzazioni pacifiste internazionali si erano subito dissolte. La maggior parte dei pacifisti si schierò con le ragioni del proprie Paese. E per ogni Paese la guerra giusta era la propria, perché rispondeva all'aggressione altrui, o a torti subiti. Tutti vittime, nessuno colpevole.

Perfino Teodoro Ernesto Moneta, l'unico italiano insignito del premio Nobel per la pace (nel 1907), si era schierato per la guerra, come aveva già fatto in occasione della guerra italiana di Libia (1911). Guerre giuste, guerre sacre.

A difendere le ragioni della pace, contro tutto e contro tutti, rimasero in pochi. «Siamo solo un pugno di anime libere», disse lo scrittore francese Romain Rolland, punto di riferimento dei pacifisti di ogni Paese. Ed erede morale di Leone Tolstoj, la grande anima del pacifismo internazionale. Un po' alla volta,

[26] B. BIANCHI, *L'avventura della pace. Pacifismo e grande guerra*, Unicopli, Milano 2018.

quelle donne e quegli uomini liberi costruirono nuove associazioni, nuove piccole riviste, reagirono con la parola e con l'azione all'impotenza e all'isolamento. «Dimentichiamo di essere minoranze insignificanti», scrisse il filosofo Bertrand Russel. Tornarono con coraggio a farsi sentire. Erano cristiani, socialisti, femministe, liberali.

Misero in luce le cause profonde della guerra e del suo fascino diabolico che trascinava i popoli alla distruzione. Rovesciarono i messaggi della propaganda di guerra, come scrive Bruna Bianchi, «attribuendo a parole come coraggio, sacrificio, onore, famiglia, maternità, virilità, femminilità significati diversi, non rivolti all'annientamento, bensì alla conservazione della vita». Affermarono l'incompatibilità tra cristianesimo e guerra, tra socialismo e guerra.

Denunciarono il nazionalismo che avvelenava le persone e produceva una spirale di paura, sospetto e odio. Misero sotto accusa il militarismo, le responsabilità del capitalismo, l'industria e il traffico delle armi, le debolezze delle democrazie, le ingiustizie sociali, l'emarginazione delle donne. E poi la paralisi del pensiero, il richiamo del branco, il culto dell'obbedienza, l'illusione che dal male sarebbe nato il bene. Videro con lucidità le ragioni profonde di quel delirio distruttivo che si era impadronito delle persone.

Diedero vita a un nuovo protagonismo delle donne. «Cercasi Donne Ribelli, disposte a condurre, non a seguire, che non imitino gli uomini, ma forti, salde in quanto donne, che dichiarino guerra al folle massacro delle nazioni, sfidando gli imperi perché si fermino prima di prosciugare le vene dei popoli», scrisse Florence Guertin Tuttle.

Elaborarono nuove concezioni dei rapporti internazionali e propugnarono la nascita degli Stati Uniti d'Europa. Il sogno dell'Europa unita nacque nel pieno di quel primo massacro mondiale provocato dai nazionalismi europei. Ma si adoperarono anche concretamente per soccorrere le vittime, assistere feriti e invalidi, aiutare orfani, vedove e profughi, senza guardare in faccia alle nazionalità alle quali appartenevano. Tra l'ostilità dei più, promossero comitati per l'aiuto ai cittadini di nazionalità nemica. I diritti umani e sociali venivano prima degli interessi nazionali. Prima l'umanità, dopo la nazionalità. Una lezione perenne quella di quel pugno di anime libere.

«l'Adige», 16 novembre 2018

LO SGUARDO MALATO DEL DECRETO

Che diremmo se all'indomani della Brexit il governo inglese volesse disciplinare la permanenza degli immigrati italiani nel Regno Unito (nella sola Londra sono mezzo milione) con un decreto sicurezza? Diremmo che è offensivo trattare l'immigrazione italiana come un problema di pubblica sicurezza, perché gli italiani non vanno a Londra per delinquere, ma per lavorare o per studiare o perché vi hanno formato una famiglia.

E a quegli inglesi che replicassero: italiani? mafia, camorra e corruzione, noi ribatteremmo furenti: è vero che tra gli immigrati italiani ci sono dei delinquenti, ci sono dei mafiosi coinvolti nel traffico internazionale della droga e nel riciclaggio di denaro sporco, e ce ne vergogniamo. Ma la stragrande maggioranza dei nostri migranti, centinaia di migliaia, è fatta di persone oneste che cercano un futuro migliore e che stanno dando un importante contributo allo sviluppo del vostro Paese.

I delinquenti italiani, diremmo ancora agli xenofobi inglesi, trattateli e perseguiteli come gli altri delinquenti. La criminalità mafiosa e il riciclaggio combatteteli come tali, e noi vi aiuteremo in tutti i modi, anche. Ma non infangate la dignità di migliaia di persone oneste affrontando la questione della loro presenza come una questione di pubblica sicurezza. Questo è uno sguardo malato sulla realtà. Che vi disonora.

Questa sacrosante obiezioni sono le stesse che dobbiamo muovere al decreto sicurezza, diventato legge dopo l'approvazione in via definitiva da parte della Camera dei deputati, e che tratta il problema dei rifugiati e degli immigrati nel nostro Paese come un problema di pubblica sicurezza. Mette insieme protezione umanitaria e terrorismo, sportelli informativi per gli stranieri e beni sequestrati alla mafia, organizzazione dell'accoglienza dei rifugiati e occupazione abusiva di terreni o edifici.

Lo scopo propagandistico è evidente. Ci sono perfino questioni legate alla cittadinanza dei discendenti degli italiani all'estero, poste accanto agli stanziamenti a favore delle forze di polizia.

Il decreto è frutto di uno sguardo malato sul fenomeno dei rifugiati e dei migranti. E il Parlamento italiano che lo approva scrive una pagina nera. Proprio l'Italia scrive questa pagina nera, l'Italia che ha riempito il mondo di migranti e che ora tratta l'emigrazione come una questione di criminalità. Gli sguardi malati non guariscono la realtà, l'ammalano ancor di più. Ottengono il plauso delle folle, però, affamate di sicurezza.

Ma i primi ad essere affamati di sicurezza sono proprio i profughi. Hanno patito violenze di ogni genere, guerre, persecuzioni, miserie. Chiedono solo sicurezza, una vita che non sia sempre sull'orlo del baratro. E non scappano dai loro Paesi per venire a delinquere da noi. Così i migranti: cercano un futuro migliore, un po' più di dignità e di benessere. E ci stanno aiutando in tanti settori.

Diranno i nostri governanti: col decreto sicurezza togliamo la cittadinanza agli stranieri colpevoli di terrorismo. Applausi. Ma quanti sono? Dieci, venti, cinquanta? Tra le migliaia di immigrati ci sono anche dei terroristi, ci sono anche dei delinquenti. Metteteli in galera, perseguiteli come i nostri terroristi e i nostri delinquenti.

Ma le altre migliaia di profughi? Non sono forse loro le prime vittime del terrorismo? Innumerevoli vittime in Pakistan, in Siria, in Iraq, in Afghanistan, in Nigeria, in Somalia, in Sudan, nella Repubblica Centrafricana, in Mali ... I profughi sono vittime, non carnefici. E i carnefici e i delinquenti che ci sono tra di loro sono una piccola minoranza, come i mafiosi e i ladri tra i migranti italiani a Londra. Con questo decreto, diventato legge, si getta un'ombra terroristica su tutti profughi.

I problemi di sicurezza sono seri e vanno trattati come tali. Ma anche i problemi della migrazione sono seri e vanno trattati come tali. Lo sguardo malato genera politiche malate. E infatti il decreto cancella l'istituto della protezione umanitaria e lo sostituisce con sei permessi speciali e temporanei. Una tutela precaria. Un passo indietro nella difesa dei diritti umani.

Il decreto ridimensiona poi il sistema Sprar che aveva garantito ai richiedenti asilo un'accoglienza diffusa in piccoli gruppi nelle comunità locali e che mirava all'integrazione. Questo tipo di accoglienza lo abbiamo sperimentato positivamente anche in Trentino. Adesso si tolgono i richiedenti asilo da questo sistema. Saranno messi in grandi centri. Vengono privati della parte migliore dell'accoglienza e destinati alla parte peggiore. È proprio in questi centri affollati che la dignità è perduta e si diventa numeri. È qui che nascono i maggiori problemi.

Il decreto finirà per aggravare taluni ambiti della sicurezza, lo hanno ricordato molti sindaci. Ma è chiaro lo scopo del decreto: non integrare, non riconoscere la dignità dei richiedenti asilo e trattarli, di fatto, come potenziali criminali. Perché di questo si nutre la politica dominante. Stiamo tornando indietro di un secolo nella tutela dei profughi. Le persone più deboli sulla faccia della terra. Il cosiddetto «governo del cambiamento» ha scritto una pagina indegna. Che ci disonora.

«l'Adige», 30 novembre 2018

UOMINI E CANI

L'anno che ci stiamo lasciando alle spalle ha visto lo spirito di umana solidarietà umiliato e offeso dal nuovo potere politico. Con parole, comportamenti, leggi. Ma ha visto anche un bel pezzo di società reagire con coraggio a questa degenerazione e affermare con parole, comportamenti e azioni che non intende abbandonare la solidarietà nelle mani dei suoi distruttori. La bella notizia è questa. E va gridata, perché il nuovo potere sappia che nella sua opera di distruzione troverà una dura opposizione da parte di tante libere persone e di tanti pezzi di società civile, di Chiesa, di scuola, di amministrazioni locali. E perché coloro che resistono alla degenerazione sappiano che non sono soli e non sono neanche pochi.

È accaduto l'assurdo nel 2018. L'assurdo disumano. Tutti concordano che è incivile abbandonare i cani. Capita specialmente d'estate. Accade, com'è noto, che alcuni che li hanno in casa, a un certo punto li abbandonino in strada e se ne vadano in vacanza. La nostra sensibilità non lo tollera. Ma non lo tollera neanche il codice penale che, all'articolo 727, punisce chi abbandona un animale domestico con l'arresto fino a un anno o con un'ammenda da 1.000 a 10.000 euro.

Però il governo ha fatto diventare legge in Parlamento il cosiddetto decreto sicurezza che toglie la protezione umanitaria a migliaia di profughi, e migliaia di loro sono stati di conseguenza cacciati dalle loro dimore e abbandonati in strada, privi di tutto. Tanti altri subiranno la stessa sorte. La sensibilità generale non si è scossa per queste migliaia di esseri umani abbandonati. Anzi, molti gli evviva. Né c'è una legge che punisce una simile barbarie. Anzi, c'è una legge, il famigerato decreto sicurezza, che la prescrive. A tanto è giunta la civiltà della nuova politica.

C'è stata poi la reazione di alcuni sindaci che hanno detto che continueranno ad applicare le vecchie regole perché il decreto priva di diritti fondamentali le persone. Molti altri sindaci di un po' tutte le regioni hanno protestato dicendo: se i profughi finiscono in strada, sotto i ponti, nei parchi, i cittadini si lamentano della sicurezza, del degrado, si grida allo scandalo, il consigliere leghista di turno va a fare le foto, le manda ai giornali e alle tv, le posta sui social, i comitati di cittadini protestano. Ci mettete in croce, hanno detto i sindaci. Allora è stata un po' frenata la cacciata, che però continua.

Anche i sindaci trentini l'hanno detto al presidente leghista della nostra Provincia, il quale, all'indomani del suo insediamento, si era affrettato a dichiarare che avrebbe espulso dalle strutture di accoglienza i profughi cui veniva tolta la protezione umanitaria. E che si arrangiassero. Al freddo e al gelo. Però che le scuole facessero il presepe. E che i vigilantes proteggessero la basilica di Santa Maria Maggiore. Devozioni ipocrite, demolite da Geremia già 2600 anni fa: «Non confidate in parole menzognere dicendo: "Questo è il tempio del Signore, il tempio del Signore, il tempio del Signore!" Se davvero renderete buone la vostra condotta e le vostre azioni, se praticherete la giustizia gli uni verso gli altri, se non opprimerete lo straniero, l'orfano e la vedova [...] io vi farò abitare in questo luogo».[27]

Lo stesso presidente della Provincia ha poi tolto i finanziamenti ai corsi di italiano per i richiedenti asilo, eliminato i progetti di inserimento nel lavoro, eliminato i progetti di comunità, volti a migliorare la conoscenza e la collaborazione tra i profughi e la comunità che li ospita, tolto i finanziamenti per l'assistenza psicologica (molti profughi, com'è noto, hanno subito traumi e violenze nel corso del loro viaggio). I più poveri dei poveri trattati come cose. Le iniziative più riuscite dell'accoglienza, distrutte. Una strategia luciferina. Però, che si faccia il presepe.

In pochi giorni è stata mandata all'aria una gloriosa storia di solidarietà e di politiche sociali di cui la nostra autonomia speciale andava fiera. Il nuovo potere invece è fiero di peggiorare la vita dei più poveri. E di distruggere un servizio pubblico effi-

[27] Ger 7,4-7.

ciente come Cinformi, il Centro informativo per l'immigrazione, invece di migliorare i servizi pubblici inefficienti.

La bella notizia è che molte persone non si adeguano all'andazzo. Il Trentino della solidarietà ha protestato e ha difeso i rifugiati così incivilmente trattati. Perché li ha guardati negli occhi, li conosce per nome e cognome, conosce le loro storie, le loro ferite, le loro speranze. Non solo. Sta dando vita a nuove azioni concrete di solidarietà: apre porte per accogliere, promuove corsi di italiano, cerca inserimenti lavorativi, educa e informa, smonta pregiudizi e falsità, crea occasioni di dialogo e amicizia là dove il razzismo vuole odio e divisione. Alla disumanità reagisce con la solidarietà. Sta nascendo un nuovo protagonismo delle persone. La solidarietà, cacciata dalle istituzioni politiche, ritrova casa là dove era nata, nel cuore delle persone. È qui che continua a rigenerarsi. Per tornare poi a contagiare la società, la politica, le istituzioni. E ricominciare a guarire il mondo.

«l'Adige», 29 dicembre 2018

PAWEL E JO
UCCISI PERCHÉ ACCOGLIENTI

Pawel Adamowicz, il popolare sindaco di Danzica morto il 14 gennaio scorso dopo essere stato accoltellato il giorno prima da uno squilibrato durante una manifestazione di beneficienza, era un simbolo dell'accoglienza dei migranti e di tutte le minoranze. Nella Polonia in mano all'estrema destra nazionalista era stato rieletto alla carica di primo cittadino per la quinta volta alle amministrative dell'ottobre 2018, elezioni che avevano visto una generale riscossa dei partiti democratici nelle città a fronte di una conferma dei nazionalisti nelle campagne. Il Paese è profondamente spaccato, lo sono anche i cattolici e la stessa Chiesa.

Pawel Adamowicz, 53 anni, padre di due figli, politicamente un liberale, era tra i bersagli preferiti delle campagne di odio della destra xenofoba, antisemita e islamofoba che partono dall'alto e avvelenano il Paese. Non si era lasciato intimidire e non era retrocesso di un millimetro nella sua politica di accoglienza. Ma era perfettamente consapevole dei rischi che correva.

Aveva detto: «La violenza fisica è di solito preceduta da quella verbale. Se il linguaggio delle élite viola i limiti si genera sempre più violenza». Così è accaduto. Dall'alto si sdoganano parole e atteggiamenti di razzismo e di odio, e poi c'è sempre qualcuno che, vuoi per fragilità psichica vuoi per fanatismo, si sente legittimato a fare il passo fatale e a trasformare l'odio e le minacce di morte in omicidio. Tutti gli osservatori più autorevoli sono concordi nell'attribuire il suo assassinio a questo clima di odio e di intimidazioni nei confronti dell'opposizione in cui l'estrema destra al potere ha fatto precipitare il Paese. La stessa libertà di stampa e la stessa autonomia della magistratura sono state gravemente compromesse in Polonia dai provvedimenti del governo. Opporsi al governo è difficile e pericoloso.

La morte di Adamowicz ci ricorda anche un altro assassinio politico, quello di Jo Cox, la deputata laburista britannica uccisa il 16 giugno 2016 nei dintorni di Leeds, al culmine della campagna elettorale sulla Brexit, mentre era impegnata a convincere il suo elettorato (i laburisti erano e sono spaccati tra favorevoli e contrari alla Ue) a votare a favore dell'Europa. Il suo assassino aveva gridato «Prima la Gran Bretagna». Uno slogan che accomuna tutte le destre sovraniste, dall'America all'Europa.

Jo Cox, 41 anni, due figli di tre e cinque anni, alla sua prima legislatura, era molto impegnata sul fronte dell'accoglienza dei rifugiati e dei migranti, della giustizia sociale e internazionale, delle pari opportunità, dell'infanzia. Anche pochi giorni prima di morire, come ricordò il quotidiano «The Guardian», aveva ribadito in un appassionato articolo il ruolo positivo dell'immigrazione per la vita e la prosperità del Regno Unito. E aveva ricordato che solo nell'ambito di un'Europa unita e forte è possibile affrontare i problemi che la questione migratoria pone.

Neanche la Germania, va ricordato, è stata risparmiata dalla violenza politica anti migranti. Il 17 ottobre 2015 a Colonia, il giorno prima delle elezioni comunali, Henriette Reker, 59 anni, candidata alla carica di sindaco per la coalizione centrista-Verdi, nota per il suo impegno professionale e politico a fianco dei migranti, veniva accoltellata da un estremista di destra che urlava slogan contro i rifugiati. La Reker è fortunatamente sopravvissuta alle gravissime ferite ed è stata eletta sindaco della città, carica che tuttora ricopre. L'attentatore confermò ai magistrati le motivazioni xenofobe del suo gesto. L'estrema destra che sta avvelenando a morte l'Europa unisce xenofobia e razzismo, islamofobia e antisemitismo. Una lugubre miscela.

In un eloquente e documentato articolo su «Avvenire» del 18 febbraio 2018, intitolato «La deriva dell'Est Europa: negare gli orrori del passato», Piergiorgio Pascali elencava tutta una serie di fatti che dimostrano il ritorno ai massimi livelli, accanto alla xenofobia, dell'antisemitismo in numerosi Paesi europei dell'Est, attraverso soprattutto la riabilitazione di «eroi» nazionali filonazisti. In Ungheria, ad esempio, scrive Pascali, si è arrivati

> a riabilitare la controversa figura di Miklós Horthy. Orbàn [il primo ministro ungherese] ha definito Horthy un "diplomatico eccezionale" suscitando le ire della comunità ebraica, non solo ungherese, che ha ricordato a Budapest il ruolo avuto dal reggente del regno di Ungheria, un "acceso antisemita resosi complice della morte della popolazione ebrea del Paese durante l'Olocausto". Poco o nulla è valsa la parziale retromarcia del primo ministro, il quale ha giustificato la collaborazione con i nazisti come unica via per proteggere gli ebrei residenti in Ungheria. L'immagine di Horthy è oramai associata al Movimento di Guardia Magiara e all'Associazione delle guardie civili per un futuro migliore, i movimenti paramilitari neonazisti, xenofobi e antisemiti responsabili di numerosi attacchi contro comunità straniere, semite e rom presenti in Ungheria.

L'assassinio del sindaco di Danzica è uno degli sciagurati effetti di questa lugubre miscela di antisemitismo, xenofobia, razzismo, neonazismo, neofascismo che sta avvelenando l'Europa. E contagiando alcuni governi. La violenza fisica si sente legittimata dall'alto: su questo non ci possono essere dubbi.

Mentre onoriamo la memoria di Jo Cox e Pawel Adamowicz, nobili figure di politici giusti e coraggiosi, uccisi perché hanno accolto e protetto l'umanità più debole, simboli dell'Europa che amiamo e che dobbiamo difendere a tutti i costi, dobbiamo denunciare la propaganda italiana di odio contro i migranti e chi sta con loro. Una campagna che anche da noi parte dall'alto e sdogana parole e comportamenti razzisti e violenti. E trasforma tante persone semplici in complici dei violenti.

«Il Margine», Anno 39, n.1/2019

DAVIDE VINCERÀ

Davide contro Golia. Vincerà un giorno Davide, il migrante? Un giorno vincerà. Forse alla seconda, più probabilmente alla terza, di sicuro alla quarta generazione. I suoi figli, i suoi nipoti, i suoi pronipoti e quelli che verranno dopo vinceranno. Lo dice la storia dell'umanità, quella dei Davide italiani in primo luogo, sparsi da secoli in tutto il mondo.

Ma adesso Davide il migrante è un essere troppo debole. È vero, ha coraggio da vendere, ha attraversato deserti e mari, superato un'infinità di pericoli, lasciato tutto per un sogno. Ma si trova davanti un Golia subdolo, sleale, vigliacco. Il Golia informazione-propaganda. Che spara da dentro un carro armato. Che duello è mai questo? Lui, con la fionda?

Golia spara disinformazione e propaganda a tutto spiano. Continua a gridare che i problemi di sicurezza crescono e accusa Davide di esserne il responsabile. La gente ha sempre più paura e dà sempre più la colpa a Davide. Ma Golia mente. Perché, in realtà, i reati diminuiscono.

Lo dimostrano i dati del Ministero dell'Interno e i rapporti del Censis (Centro studi investimenti sociali), un autorevole punto di riferimento per le analisi sulla situazione sociale nel nostro Paese. Incrociando i dati del Censis con quelli del Ministero dell'Interno e di Noto sondaggi, la giornalista Grazia Longhi scriveva sul quotidiano «La Stampa» del 29 novembre 2018, sotto il titolo «Paradosso italiano: i reati diminuiscono ma la paura cresce»: «Diventa più marcata la distanza tra la sicurezza reale e quella percepita [...] A fronte di un calo dell'8 per cento dei reati, un italiano su due ha talmente paura da ritenere la sicurezza il problema più grave dopo l'emergenza lavoro... ». Il periodo preso in considerazione è quello dal 1 agosto 2016 al 31 luglio 2017. In questi dodici mesi, secondo i dati del Ministero dell'Interno, i reati sono passati da 2.453.872 a 2.240.210. In particolare, gli omicidi sono diminuiti del 14 per cento, le rapine del 12 per cento, i furti dell'8 per cento. Ma la gente crede il contrario, la propaganda funziona.

Golia continua a sparare non solo che i reati crescono per colpa di Davide, ma che Davide è in sé stesso un reato: è un fuorilegge, un irregolare, un clandestino. Da un fuorilegge cosa potete aspettarvi? La realtà è ben diversa dalla percezione diffusa che viene creata. Una ricerca promossa dalla rivista «Il Regno» e da Caritas italiana, pubblicata sul numero di ottobre 2018 de «Il Regno», e condotta dai professori Paolo Segatti e Federico Vegetti dell'Università statale di Milano, riporta i dati Ocse ed Eurostat secondo i quali, nel 2017, l'Italia è il Paese in cui la distanza tra percezione su quanti siano i migranti legali e la realtà è più grande di quella riscontrabile negli altri Paesi europei occidentali. In questa percezione distorta siamo superati soltanto dai Paesi dell'Europa dell'Est. Nell'ottobre del 2017 ben il 47% degli italiani era convinto che la maggioranza degli immigrati fosse costituita da illegali. Ma la Fondazione Ismu (che studia dal 1993 i fenomeni legati all'immigrazione) ha stimato la quota di immigrati irregolari nel 2017 a meno dell'1%. Un abisso tra realtà e percezione.

Questo abisso è stato indagato anche dal prof. Alberto Alesina, economista, docente all'università di Harvard e alla Bocconi, che ne ha dato conto in un editoriale pubblicato sul «Corriere della sera» del 9 luglio 2018 sotto il titolo «La forza dei numeri». In collaborazione con altri studiosi e con una società di sondaggi, Alesina ha condotto un'indagine su un campione di circa 23 mila nativi in 6 nazioni: Francia, Germania, Italia, Regno Unito, Stati Uniti e Svezia.

Conclusione: «La disinformazione sugli immigrati, definiti come persone legalmente residenti nel Paese del soggetto intervistato ma nate all'estero, è enorme». In 5 Paesi su 6 si sovrastima il numero degli immigrati: di circa uno a tre. Per ogni immigrato reale se ne vedono tre. In Italia gli immigrati sono meno del 10% della popolazione (l'8,5%), gli italiani pensano che siano il 30%. Gli italiani credono che i musulmani siano il

50% degli immigrati, in realtà sono il 30%. Gli italiani credono che il 40% degli immigrati siano disoccupati, in realtà i disoccupati sono intorno al 10%. Il 30% degli italiani crede che un immigrato con lo stesso livello di reddito, occupazione e stato di famiglia di un nativo, riceva molto più di quest'ultimo. Non è vero, dice Alesina.

Da dove viene questa percezione così distorta della realtà se non dall'informazione-propaganda sparata ossessivamente da Golia? Giornali e tv che gonfiano il rapporto reati-immigrazione, e poi commenti incendiari sulla Rete che si autoalimentano di fake news, dice Alesina. E soprattutto: «I partiti anti immigrazione hanno interesse a fomentare questa disinformazione». La strumentalizzazione politica del migrante trasformato nel nemico che ci sta invadendo e rovinando, è sotto gli occhi di tutti: plateale, arrogante, ossessiva.

Un'altra ricerca non lascia dubbi in proposito. Si tratta di «Notizie di chiusura», sesto rapporto dell'associazione Carta di Roma con Osservatorio di Pavia, fonti autorevoli per conoscere la qualità dell'informazione nel nostro Paese, i cui risultati sono riportati in un servizio di Vladimiro Polchi pubblicato su «Repubblica» dell'11 dicembre 2018 sotto il titolo «Nei tg è record di servizi sull'emergenza migranti. Il 70% sulla criminalità». Assistiamo a un'ossessione sui flussi migratori, il 40% circa dei servizi, che accentua la percezione di invasione, proprio mentre gli arrivi diminuiscono drasticamente; e a un'ossessione-esagerazione sul tema sicurezza, con il 30% dei servizi dei telegiornali dedicato a questioni che mettono in relazione immigrazione, criminalità e sicurezza.

Non basta: il 43% dei servizi riporta dichiarazioni di politici. Si racconta invece l'accoglienza solo nel 15% dei servizi. Nel 2017 il racconto dell'accoglienza era stato dell'11%.[28]

Siamo sempre lì. Davide non ha voce, mentre Golia dal suo carro armato spara propaganda a tutto spiano. Le buone notizie

[28] Cfr. Caritas Italiana - Fondazione Migrantes, *Rapporto 2018 sull'immigrazione,* Tau, Todi (PG) 2018.

sugli immigrati sono sommerse da un'informazione negativa super gonfiata. Davide non ha voce, non lo fanno parlare, avrebbe tante cose da dire, di sé, degli altri come lui. Ma il 70% delle immagini e delle parole che trasmettono è contro di lui. Che duello è mai questo? Perché meravigliarsi se la percezione della realtà è così lontana dalla verità? Come potrebbe vincere Davide in questa situazione?

D'altronde, una tv privata, Rete 4 di Berlusconi-Mediaset, molto seguita dal pubblico di una certa età, ha occupato per anni, e lo sta facendo ancora, la fascia serale di massima *audience* con una trasmissione che criminalizzava sistematicamente i migranti. Con l'efficacia delle immagini, delle emozioni, della parola ai «testimoni». Vero e proprio terrorismo quotidiano anti-immigrati.

La ricerca Il Regno-Caritas italiana, sopra citata, mostra che il 55% degli italiani vede sempre più negli immigrati anche una minaccia economica. L'emergenza lavoro, causata dalla crisi economica, è stata sfruttata da Golia per additare nei migranti i colpevoli. Sono loro che rubano il lavoro agli italiani. Non è vero.

Tutte le analisi e gli studi smentiscono questo luogo comune sul quale ha continuato a far leva la propaganda. Il *Dossier statistico immigrazione 2018*, curato e pubblicato dal Centro Studi e Ricerche Idos,[29] attingendo ai dati del Ministero del lavoro e delle politiche sociali e agli studi della Fondazione Leone Moressa di Venezia, ricorda che gli immigrati svolgono in gran parte quei lavori «pesanti, precari, discontinui, poco retribuiti, spesso stagionali e caratterizzati da sacche di lavoro nero (o grigio) e, quindi, da sfruttamento» che gli italiani tendono a non fare più.

Due terzi dei 2.423.000 occupati stranieri svolgono professioni poco qualificate o operaie. È straniero il 71% dei collaboratori domestici (per lo più «badanti»), quasi la metà dei venditori ambulanti, il 18,5% dei lavoratori negli alberghi e ristoranti (pulizie, camerieri, cuochi), un sesto dei manovali edili e dei lavoratori agricoli. In media un dipendente italiano guadagna il 25%

[29] IDOS, *Dossier statistico immigrazione 2018*, cit.

in più rispetto a uno straniero, mentre le donne straniere (le più penalizzate dal mercato del lavoro, le peggio trattate) guadagnano in media il 25,4% in meno dei connazionali maschi.

Gli italiani certi lavori tendono a non farli più, o a non farli in Italia ma all'estero, probabilmente perché più retribuiti. Ben 128.193 italiani sono emigrati all'estero nel 2017, come ricorda il *Rapporto italiani nel mondo* della Fondazione Migrantes.[30] Di questi, il 37,4% ha tra i 19 e i 34 anni. Professioni molto qualificate (medici, ricercatori, tecnici), ma anche operai e camerieri.

Mentre in Italia rimangono senza risposta migliaia di proposte di lavoro: «Rimini senza personale degli alberghi nell'estate dei record turistici» («Corriere della sera», 18 luglio 2018); «Trentino: ristorazione, manca personale "Investire nella formazione" » («Il Corriere del Trentino», 1 agosto 2018); «Confindustria Trentino come a Cuneo: "Studiate da operai, il lavoro non manca"» («Corriere della sera», 18 febbraio 2018); «Il lavoro che c'è. Ma ci interessa? Su 200 mila posizioni qualificate una su tre resterà vuota per mancanza di talenti», editoriale di Ferruccio De Bortoli sul «Corriere della sera» del 28 gennaio 2019; «"Cerchiamo operai e autisti". Ma nell'Italia della disoccupazione le imprese non riescono a trovarli» («la Repubblica», 22 dicembre 2018); «Nelle aziende c'è posto per 193mila super-tecnici» («Il Sole 24 ore», 23 gennaio 2019); «L'Aspiag cerca personale ma nessuno vuole il posto. Bolzano, cercano dieci persone tra capireparto, addetti agli acquisti e tecnici. Ma hanno una notevole difficoltà a trovarle» («altoadige.it», 5 giugno 2018).

Non è questa la sede per analizzare le contraddizioni del mercato del lavoro italiano che vede, contemporaneamente, tanti disoccupati, tante offerte di lavoro inevase, tanti giovani italiani che emigrano. Ma una cosa è certa: gli immigrati non portano via il lavoro a nessuno. Fanno per lo più i lavori che gli italiani non vogliono fare. Spesso lavori preziosi, di un valore umano e sociale impagabile. Come il lavoro delle badanti. Sono più di

[30] FONDAZIONE MIGRANTES, *Rapporto italiani nel mondo 2018,* Tau, Todi (PG) 2018.

800 mila, forse un milione, le donne straniere in Italia che accudiscono anziani e persone non autosufficienti. Se tornassero a casa loro, come faremmo? Le nostre famiglie e il nostro sistema di welfare crollerebbero. Ma quante volte si parla di loro nei telegiornali? Quante volte si parla del positivo e insostituibile contributo che gli stranieri danno al lavoro e all'economia del nostro Paese?

Golia fa invece credere alla gente l'opposto, che essi siano i colpevoli dei nostri problemi. E che siano un peso per le nostre casse pubbliche. Un peso per le nostre comunità. Un rovesciamento della verità. Ricorda il *Dossier immigrazione* di Idos:

> Come evidenzia la Fondazione Moressa, nel 2016 i contribuenti stranieri hanno versato Irpef per 3,3 miliardi di euro, che sommati ad altre voci di entrata (tra cui 11,9 miliardi come contributi previdenziali), assicurano un introito nelle casse dello Stato pari a 19,2 miliardi di euro, che paragonati con i 17,5 miliardi di spesa pubblica dedicata agli immigrati (il 2,1% dell'intera spesa pubblica nazionale), rendono il bilancio statale tra entrate e uscite imputabili all'immigrazione positivo di un importo che oscilla tra 1,7 e 3 miliardi di euro.[31]

Gli immigrati danno allo Stato più di quanto ricevono. Questa è la realtà. Davide ha ragione, ma il Golia-propaganda continua a sparare bugie dal suo carro armato. Il duello è impari. Ma non possiamo rinunciare a stare dalla parte di Davide. Dobbiamo aggiungere le nostre fionde alla sua. Renderle più efficaci e precise. E poi, Davide è sì debole, ma ha coraggio, pazienza, sa resistere. Ha motivazioni fortissime, entusiasmo. Ama la vita. Il futuro è con lui. Dopotutto, di carcasse di carri armati che si credevano invincibili è pieno il mondo.

Febbraio 2019, testo scritto per l'associazione Eutopia.

[31] IDOS, *Dossier statistico immigrazione 2018*, cit., pp. 312-319.

LE PAROLE DELLA FEROCIA SELETTIVA

Nelle sue memorie Silvia Forti, perseguitata col marito, Ugo Lombroso, perché ebreo, ricorda che nell'odio e nell'indifferenza in cui era precipitata l'Italia dopo le leggi razziali del 1938 non mancarono le persone che li aiutarono e che per questo subirono a loro volta insulti e persecuzioni.[32] Scrive in un passo struggente:

> Ripenso a voi, nobili e cari e indimenticabili amici, che ci siete venuti incontro nell'ora del dolore con tanta delicata comprensione, con generosità così calda, con così consolante e coraggioso disinteresse! Siete sparsi un po' dappertutto, dalla Liguria rude ma sincera, alla cara lontana Sicilia, e nell'agonia dei giorni tormentosi, i fili d'oro della vostra amicizia ci hanno protetto, con un velo impalpabile, dalle ferite più crudeli. Una parola fu coniata per voi: "pietisti", e vi fu gettata in faccia come un'accusa. Come pietisti l'avv. R. e il dr. B. furono mandati al confino; e con loro quanti altri! La nuovissima civiltà infatti ha paura specialmente di una cosa: di lasciar sussistere negli individui dei sentimenti umana. Giustizia, tolleranza, solidarietà, pietà, sono i nemici peggiori e vanno combattuti con ogni arma.[33]

«Pietisti»: questo il termine spregiativo inventato per squalificare chi mostrava solidarietà e pietà verso i perseguitati. Il «Corriere della sera» del 6 dicembre 1938 titolava: *Due fascisti puniti per pietismo filo giudaico.* Espulsi dal partito perché «affetti da inguaribile spirito borghese si abbandonavano a incomposte manifestazioni pietistiche nei confronti di un giudeo».[34]

[32] Queste dimenticate memorie sono ricordate in MICHELE SARFATTI, *Le leggi antiebraiche spiegate agli italiani di oggi*, Torino, Einaudi 2002, pp. 45-46.

[33] S. F. LOMBROSO, *Si può stampare: pagine vissute 1938-1945*, Dalmatia, Roma 1945, p. 17.

[34] M. AVAGLIANO - M. PALMIERI, *Di pura razza italiana. L'Italia «ariana» di fronte alle leggi razziali*, Baldini&Castoldi, Milano 2013, p. 140.

E «La Stampa» del 5 aprile 1941, in prima pagina, col titolo *Un pietista fuori luogo*, dava notizia dell'espulsione dal partito fascista di Giacomo Cassi, colpevole anche lui di «manifestazioni di pietismo» verso un ebreo.[35]

Ernesta Bittanti, vedova di Cesare Battisti, nel suo *Diario*, che resta una delle rare testimonianze italiane di assoluta opposizione alle leggi razziali, manda un messaggio di solidarietà a Luigi Messedaglia, senatore e presidente dell'Istituto Veneto di Scienze Lettere ed Arti, il quale, come aveva riportato il «Corriere della sera» del 15 maggio 1943, era stato espulso dal partito perché colpevole di «pietismo». Gli scrive: «Per la civiltà italiana ed umana il mio commosso plauso. Dallo studio di Cesare Battisti Trento».[36]

Ogni epoca ha le sue parole ipocrite e sostanzialmente violente per squalificare e combattere chi mostra solidarietà verso degli esseri umani che la propaganda politica, una opinione diffusa e poi la stessa legge considerano di serie B. Ieri gli ebrei, oggi i profughi. Oggi vengono definiti buonisti» coloro che aiutano i profughi. Sono esseri umani di serie B, i profughi, aiutarli non è bontà ma «buonismo». Come non era pietà ma «pietismo» aiutare gli ebrei. Termini spregiativi.

Il cuore della questione è questo, se vogliamo capire perché certe tragedie sono accadute ieri, e altre, seppure non paragonabili in termini di ferocia e dimensioni, accadono oggi. La gente sotto il fascismo, come sotto il nazismo, non era diventata più cattiva. La gente continuava a essere come prima, con i suoi pregi e difetti. Molti continuavano ad essere buoni come prima: erano altruisti, aiutavano i poveri, facevano volontariato in paese o nel quartiere, assistevano malati e anziani con umanità, accudivano con amore i bambini, difendevano i diritti dei lavoratori, andavano in chiesa, pregavano, si confessavano, mandavano offerte ai missionari in Africa, aiutavano il prossimo con disinteresse. Praticavano la solidarietà e la pietà. Solo con gli ebrei non erano

[35] *Ivi*, pp. 336.

[36] B. Primerano, *Ernesta Bittanti e le leggi razziali del 1938*, Fondazione Museo Storico del Trentino, Trento 2010, pp. 76-77.

buoni, non erano solidali, non erano pietosi. Ma perché era colpa degli ebrei, dicevano, seguendo la propaganda. Non erano esseri umani come gli altri. Gli ebrei erano *Untermenschen*, subumani, dicevano i nazisti. Erano avidi, complici dei grandi poteri internazionali che succhiavano il sangue degli italiani, gente dannosa e nemica della comunità, gridava la propaganda fascista. Non era vero, naturalmente, la borghesia imprenditrice e intellettuale ebraica costituiva una minoranza di grande valore, di cui tanto la società italiana che quella tedesca si avvalevano fruttuosamente: imprenditori, scienziati, professori, scrittori. E poi c'era anche il popolo ebreo dei poveri che in alcune nazioni europee contava centinaia di migliaia di persone (quasi tutte poi sterminate). La propaganda nazionalsocialista e fascista aveva bisogno di un nemico interno additato come «alleato» dei nemici esterni. L'ebreo diventa il nemico della comunità, non solo, il nemico addirittura dell'umanità. È l'*Untermenschen*, il subumano, e non merita il rispetto che si deve agli altri. Lo urlava ossessivamente il partito, lo amplificavano i grandi e i piccoli giornali, lo ripetevano gli intellettuali. Lo sanciva infine anche la legge.

Ecco il punto di partenza per convincere la massa a sentirsi buona come sempre, ma a essere crudele con qualcuno: squalificare quel «qualcuno», definirlo un essere umano di categoria inferiore, diverso da te, dannoso per te, pericoloso per tutti. Che non merita di vivere. È capitato a molti gruppi umani nella storia.

Non è forse così anche oggi? La propaganda, e ora anche la legge, squalificano i profughi come esseri umani di serie B. Esseri diversi, inferiori, dannosi, pericolosi. È colpa loro se non li aiutiamo, «sono tutti delinquenti», «sono terroristi», «ci rubano il lavoro», «ci invadono», sono «finti profughi». Finti esseri umani. La gente continua a essere buona, e solo con loro, «ma per colpa loro», può essere feroce. E con la coscienza a posto, questo il punto. Li abbandoniamo in mare? Non li soccorriamo? Muoiono di sete o di fame? Affogano? Li riportano nei lager libici? Non si meritano altro. Noi siamo buoni e giusti, siete voi che li aiutate a essere ingiusti verso la nostra società e «buonisti» verso di loro. Ci vogliono anche le parole giuste per questa educazione popolare alla disumanità selettiva. Alla ferocia selettiva. Parole apparentemente soltanto ironiche o sarcastiche. Nella sostanza violente e oscene. «Pietisti. Buonisti». Specchio della violenza e dell'oscenità di un'epoca.

«l'Adige», 6 febbraio 2019

LA VERITÀ SUI LAGER LIBICI

Mediterraneo blindato, soccorsi delle Ong impediti, marina militare italiana frenata, navi con naufraghi bloccate nei porti o in mare. Crollano gli arrivi dei profughi. Grandi sospiri di sollievo. Ma i nostri sospiri di sollievo sono le loro urla di dolore. Che non ci facciano dormire la notte. Urla di profughi che annegano senza che nessuno li veda. O li soccorra. Non sapremo mai quanti. Urla di profughi che nei centri di detenzione-lager in Libia vengono picchiati, violentati, torturati. A morte, perfino. Urla di profughi rimandati dagli italiani in Libia, come i 150 della nave Lady Sham, il 21 gennaio scorso. Imploravano: «Non rimandateci indietro! Meglio morire! Non rimandateci indietro!». I nostri sospiri di sollievo sono le loro urla di dolore.

Come possiamo rifiutarci di salvarli? Come possiamo rimandarli in Libia se sappiamo che quello per loro è un inferno? E fare questo in nome della legge? Brandendo perfino il rosario e il Vangelo? Che popolo siamo diventati?

Noi lo sappiamo che la Libia è un inferno per i profughi. Lo hanno dimostrato i reportage di molti giornalisti coraggiosi e le denunce delle più autorevoli organizzazioni umanitarie internazionali.

Lo dimostrano i numerosi rapporti delle Nazioni Unite. Ne citiamo quattro dei più rilevanti degli ultimi tre anni. L'ultimo è del 20 dicembre 2018, *Desperate and Dangerous*, sulla situazione dei diritti umani dei rifugiati e dei migranti in Libia.[37] Il 12 febbraio 2018 c'era stato un rapporto del Segretario Generale sulla Missione Onu in Libia.[38] Il 18 dicembre 2017 un rapporto sulla

[37] *Desperate and Dangerous: Report on the Human Rights Situation of Migrants and Refugees in Libya*, United Nations Support Mission in Libya, Office of the High Commissioner for Human Rights, 20 December 2018.

[38] *Report of the Secretary-General on the United Nations Support Mission in Libya,* United Nations, Security Council, 12 February 2018.

tortura.[39] Il 13 dicembre 2016 il rapporto *Detained and Dehumanized* sulle violazioni dei diritti umani contro i migranti in Libia.[40] Tre verità escono da questi rapporti.

La prima: i centri di raccolta dei migranti in Libia sono dei veri e propri lager. La seconda: questi lager sono allestiti e gestiti con la complicità-coinvolgimento delle autorità politiche e militari della zona. La terza: Europa e Italia finanziano e armano le autorità militari e politiche libiche perché fermino i migranti in questi lager o ve li riportino quando vengono soccorsi in mare.

I lager. I migranti sono trattenuti in capannoni o hangar in condizioni disumane, picchiati e torturati, le donne violentate, finché i loro familiari non pagano un riscatto. La richiesta di riscatto avviene via telefono mentre il migrante viene picchiato a sangue o torturato in modo che i familiari sentano, e a volte vedano, in diretta cosa accade, e cosa di peggio potrebbe accadere, se non pagano. Ad avvenuto pagamento, tramite emissari appartenenti all'organizzazione, i migranti vengono portati all'imbarco per l'Italia. La morte o la vendita al mercato degli schiavi, dei trafficanti di esseri umani e di organi, attende chi non paga.

Accanto ai documenti delle Nazioni Unite abbiamo, sui lager libici, anche una sentenza della Corte di assise di Milano del 10 ottobre 2017 che, in prima istanza, ha condannato all'ergastolo il somalo Matammud Osman giudicato responsabile, grazie a una decina di testimoni «assolutamente credibili», della morte di 13 profughi nel lager libico di Bani Walid che il somalo gestiva con violenza inaudita. Osman era stato casualmente riconosciuto alla stazione di Milano da alcuni connazionali, che avevano subito le sue angherie in Libia, i quali lo avevano bloccato e poi consegnato ai carabinieri.

Le 132 pagine della sentenza sono un documento sconvolgente sulle condizioni di vita nel centro di raccolta di Bani Walid:

[39] *Concluding observations on the combined fifth and sixth periodic reports of Italy, United Nations*, Committee against Torture, 18 December 2017.

[40] *Detained and Dehumanized: Report on Human Rights Abuses Against Migrants in Libya,* United Nations Support Mission in Libya, Office of the High Commissioner for Human Rights, 13 December 2016.

> questo [centro] era dotato di un grandissimo hangar all'interno del quale venivano tenute recluse circa cinquecento persone. Intorno a questo capannone c'era un cortile sorvegliato da uomini libici armati di fucili, rinchiuso a sua volta da mura di cinta. I migranti dormivano tutti insieme, uomini e donne, nel capannone ed erano così ammassati che non c'era neanche lo spazio per muoversi. L'hangar non era areato, le condizioni igieniche erano del tutto scadenti, c'erano pidocchi ovunque, molti migranti soffrivano malattie della pelle. Non potevano lavarsi, il cibo fornito era scarso. La notte il capannone veniva chiuso dall'esterno con un lucchetto e da quel momento veniva negato anche l'accesso ai due bagni che si trovavano subito fuori dal capannone, ma sempre all'interno delle mura. Fuori dal capannone vi erano anche alcune piccole costruzioni: una stanza detta Amalia o anche stanza delle torture...[41]

Il somalo aguzzino che gestiva il campo diceva ai migranti: «Da qui possono uscire solo due persone: una persona che ha pagato i soldi e una persona che è morta». In ogni momento entrava nel capannone e portava via le ragazze che voleva.

Seconda verità. La Libia non ha uno Stato, ma due governi e innumerevoli milizie e bande di criminali che si spartiscono e contendono il potere. Le Nazioni Unite dichiarano nel rapporto del 20 dicembre 2018, sopra citato, di essere in possesso di «credibili informazioni sulla complicità di ufficiali dello Stato, rappresentanti del Ministero dell'Interno e della Difesa nel traffico di migranti e rifugiati». Non esistono carcerieri, aguzzini, trafficanti e scafisti che non agiscano con la complicità o il coinvolgimento delle autorità politiche e militari libiche.

Terza verità. Europa e Italia hanno costruito a partire dal 2016 (governo Gentiloni, ministro Minniti) la Guardia costiera

[41] Il testo della sentenza, accompagnato da autorevoli commenti, si può trovare sul fascicolo 2, luglio 2018 della rivista online «Diritto, Immigrazione e Cittadinanza» (www.dirittoimmigrazionecittadinanza.it); da segnalare anche il libro *L'attualità del male. La Libia dei* Lager *è verità processuale*, a cura di M. Veglio, prefazione di D. Quirico, Edizioni SEB27, Torino 2018, con testi a cura dell'Associazione per gli studi giuridici sull'immigrazione (Asgi) che si è costituita parte civile nel processo a carico di Matammud Osman.

libica, con finanziamenti, dotazioni di motovedette e armi, formazione di personale. Ci sono relazioni molto strette tra Guardia costiera libica e milizie locali che gestiscono il traffico dei migranti. L'Onu documenta l'uso di armi da fuoco, la violenza fisica e comportamenti razzisti da parte della Guardia costiera libica nei confronti dei migranti. «Non riconsegnateci a loro!», urlano i migranti. I nostri sospiri di sollievo sono le loro urla di dolore. Questo l'inferno libico dove sono rinchiusi o ricacciati i migranti. Con la nostra collaborazione. Mentre in Libia facciamo affari d'oro. Perché la Libia è per noi un paradiso.

Per l'Eni, ad esempio, che è controllato dal nostro Ministero dell'economia e delle finanze. La Libia oggi produce quasi un milione di barili al giorno di petrolio (953.000), che fanno gola a molti, e punta al raddoppio in due-tre anni, come ha dichiarato recentemente a Bengasi il presidente della compagnia statale Mustafa Sanallah. L'Eni di questo milione di barili ne produce 400 mila. Il petrolio libico è parte consistente dell'«ottimo 2018», come ha dichiarato il 15 febbraio scorso a «Il Sole 24 ore» Claudio Descalzi, amministratore delegato di Eni. Descalzi proporrà al consiglio di amministrazione del prossimo 15 marzo il pagamento di un dividendo di 0,83 euro per azione. Sospiri più che di sollievo da parte dei 249.689 azionisti italiani (sul totale di 257.006). Le mani dell'Eni saranno anche pulite, ma quante mani insanguinate hanno dovuto stringere nell'inferno libico per farne un paradiso di affari? Poveri migranti. Che le vostre urla di dolore non ci facciano dormire la notte.

«Trentino», 23 febbraio 2019

QUANDO C'È LA BUONA POLITICA

Un giorno Samba Kebbeh, giovane proveniente dal Gambia e accolto come rifugiato nel paese di Valle San Felice, 260 abitanti, frazione del Comune trentino di Mori, disse a Manuela Ciaghi, volontaria: «In marzo si sposa mia sorella Delam. Noi non abbiamo un padre e nemmeno una madre. Io non posso andare in Gambia per accompagnarla al suo matrimonio, non ho soldi e neanche i documenti. Potresti andarci tu alla cerimonia? Tu sei come una madre per me e lo sarai anche per Delam». Lo racconta Manuela in alcune pagine di diario, diffuse tra gli amici, e prosegue: «Mi sembrava più una supplica che una semplice richiesta; mi sentii un po' confusa e smarrita all'idea di assumere improvvisamente il ruolo della madre di una giovane sposa gambiana; inoltre non avrei saputo come comportarmi in una tale circostanza. Mi si accapponava la pelle all'idea di ammalarmi o di essere nel mirino del terrorismo internazionale, dovevo anche pensare alla mia famiglia, non potevo rischiare!».

Per alcuni giorni Manuela ci pensa, poi si lascia vincere dai pensieri positivi e decide di partire per il Gambia insieme a suo marito Danilo, alla loro figlia Noemi e a un'amica, Anita. Dal 24 al 31 marzo 2019 sono nel Paese africano, uno dei più poveri del mondo. Giorni di scoperte, di immersione nella natura, di incontri e accoglienze, di emozioni. Il matrimonio ha luogo a Flulakunda, rione della città di Brikama. La comunità è musulmana. È una grande festa di famiglia, carica di viva partecipazione, di rituali curati, di musica, di profonda spiritualità. La presenza di Manuela è consolante, è il segno che Samba è sì lontano, ma è amato, e che lui continua ad amare la sua famiglia. Il diario di Manuela può concludersi così: «Abbiamo sperimentato l'amore e la fratellanza, abbiamo conosciuto la semplicità, la modestia e la dignità di un popolo, ma soprattutto abbiamo compreso cosa significa amarsi gli uni gli altri come Dio ci ha amati».

Queste cose possono accadere quando ci sono volontari come Manuela. Ma possono accadere anche perché c'è la buona politica che ne crea le condizioni, come è il caso, appunto, del Comune di Mori. Perché la comunità di Valle San Felice aveva reagito tutt'altro che bene all'annuncio dell'arrivo dei profughi (una quindicina, africani e asiatici). C'era stata un'assemblea pubblica infuocata. Una seconda assemblea aveva stemperato gli animi e si erano fatte sentire anche le voci favorevoli. Ma poi è stato determinante nel rovesciare la situazione e nel creare un clima positivo verso i profughi il ruolo avuto dal Comune, accanto al ruolo importante di alcune persone e degli stessi profughi. Col tempo c'è chi è passato dall'ostilità all'amicizia.

Come è accaduto in altri Comuni italiani, sicuramente non pochi, il caso di Mori dimostra che la buona politica può costruire una buona accoglienza. Senza ricorrere a effetti speciali, ma con intelligenza e costanza.

Mori è una borgata trentina di diecimila abitanti, composta da varie frazioni, che si distende nei pressi del fiume Adige e che è attraversata dalla statale che da Rovereto porta al Lago di Garda. Ha un'amministrazione di centrosinistra guidata dal sindaco Stefano Barozzi. I cittadini stranieri sono circa il 9% della popolazione. Dal settembre 2015 accoglie anche diversi rifugiati. In questi quattro anni ne sono transitati una cinquantina. È uno dei 70 Comuni trentini (su 175) che hanno accettato di entrare nel sistema provinciale di accoglienza diffusa. Cioè piccoli gruppi accolti in tante comunità. Un sistema varato con buoni risultati dal governo provinciale di centrosinistra che però nel 2018 è stato sostituito da uno di centrodestra a trazione leghista che lo sta smantellando, sulla scia delle distruttive politiche del governo nazionale.

Cosa ha fatto di buono il Comune di Mori? Una cosa semplice, che ha funzionato e che funziona tuttora. Si è fatto promotore del Coordinamento associazioni accoglienza Mori che in questi quattro anni ha coinvolto la comunità nell'accoglienza dei rifugiati e riunendosi mensilmente ha affrontato tempestivamente tutti i problemi che via via emergevano. Del coordinamento, insieme all'assessore comunale all'Aiuto sociale, Roberto Caliari, fanno parte il parroco, don Augusto Pagan, gli operatori e le operatrici del Cinformi (la struttura della Provincia che ha la responsabilità, per conto dello Stato, della gestione dei rifugiati), l'associazione Atas (Associazione trentina accoglienza stranieri) e le cooperative sociali Arcobaleno e Punto d'Approdo, che gestiscono i progetti di accoglienza, la Caritas, il Gruppo Missionario, la bottega equosolidale Mandacarù, volontari e altri rappresentanti di associazioni. Un coordinamento rappresentativo e spontaneo, che non costa nulla e che funziona perché le persone coinvolte lo fanno funzionare. Un luogo di confronto, di programmazione degli interventi, di condivisione delle informazioni, che così raggiungono ben presto una larga parte della comunità, smontando sul nascere notizie sbagliate. Un luogo di assunzione di decisioni. Un bell'esempio di governo democratico e partecipato dell'accoglienza dei richiedenti asilo.

Nel coordinamento si affrontano tutti i problemi relativi all'accoglienza dei rifugiati, dalla sistemazione negli alloggi agli inserimenti lavorativi, dai corsi di lingua alle attività di servizio a favore della comunità. Ma si promuovono anche le attività di informazione e formazione rivolte alla cittadinanza. Sono stati diversi gli incontri pubblici promossi, sia per informare i cittadini sull'arrivo dei rifugiati sia per offrire, con l'aiuto di esperti, occasioni di approfondimento sui vari aspetti del fenomeno migratorio: l'apporto dei migranti alla nostra economia, la questione demografica, il rapporto con l'Islam, i fenomeni di sfruttamento. La conoscenza è il punto di partenza per affrontare seriamente la questione.

Il coordinamento ha promosso il coinvolgimento dei rifugiati in varie attività, sia nel centro che nelle frazioni, come Valle San Felice. La parrocchia, che ha sempre avuto un ruolo importante, ha messo a disposizione l'orto, fra l'altro nel cuore del paese, e loro lo coltivano anche con la collaborazione di alcuni volontari. I prodotti in parte li consumano loro stessi, in parte vengono messi a disposizione di iniziative sociali, come la cena comunitaria in canonica. I rifugiati partecipano anche alle attività dell'oratorio e ai momenti di vita comunitaria. Il coordinamento fa il punto sullo stato delle altre attività che vedono coinvolti i rifugiati nei progetti delle cooperative sociali, Atas e Arcobaleno, molto impegnate nell'accompagnarli perché progressivamente si rendano autonomi: i corsi di lingua italiana, i tirocini lavorativi, l'assistenza sanitaria, le pratiche burocratiche, la conoscenza dei servizi e degli uffici del territorio.

Oggi l'assessore Roberto Caliari, che è un po' l'anima del coordinamento, può raccontare belle storie di integrazione, di inserimenti lavorativi riusciti e duraturi (diversi profughi sono stati assunti in aziende agricole, nel commercio, nell'artigianato) e anche storie di amicizia vera che sono nate tra alcuni rifugiati e alcune famiglie, come quella che ha visto protagonisti Samba e Manuela. Può raccontare anche storie di accoglienza che non hanno avuto un esito positivo, ma accade. La sostanza è che a Mori hanno saputo coinvolgere la comunità nell'accoglienza dei profughi, e i profughi, a loro volta, nella vita della comunità, rovesciando così un atteggiamento iniziale di freddezza e talvolta di ostilità. E questo grazie al coordinamento, a un gruppo spontaneo che ha saputo funzionare bene e con costanza, non solo all'inizio per poi sparire, come talvolta capita alle iniziative nate da un impeto di generosità.

La cattiva politica drammatizza i problemi invece di affrontarli, e allora tutto diventa difficile. L'atmosfera si avvelena. I cittadini respirano un'aria cupa e si inquietano, si spaventano. È come se sulle loro spalle fossero state scaricate delle montagne. Trasformare il problema dell'accoglienza dei migranti in una montagna impossibile da reggere è il disegno strategico dei partiti xenofobi e razzisti. Ingigantire i problemi, caricarli di oscuri e minacciosi contorni, moltiplica le paure. È una formula che la politica peggiore usa da sempre e con disastrosi risultati per i popoli che ci hanno creduto.

La buona politica risolve e non drammatizza i problemi. Non ha bisogno né di eroi né di effetti speciali. Tante esperienze nel nostro Paese dimostrano che quando la politica affronta con intelligenza la questione dei migranti, diffonde tra i cittadini serenità. Non un generale consenso, che raramente c'è anche sulle altre questioni. Ma i cittadini avvertono che su di loro non viene scaricato un peso insopportabile. Una montagna dai contorni minacciosi. Il politico, o l'amministratore locale, ha dimostrato che il problema è risolvibile, come altri.

Diceva Bernanos, che le cose semplici non sono le più facili. Ma se ci si crede, anche le cose difficili possono diventare più facili. Bisogna crederci, però. E a Mori dimostrano di credere in quello che fanno.

Aprile 2019

ALEKSANDRA BATTE L'ODIO

Se Greta è il simbolo della lotta contro la rovina del clima che sta uccidendo il pianeta, Aleksandra è il simbolo della lotta contro l'odio razzista che sta avvelenando a morte l'umanità. Anche quella che abita le nostre graziose città e vallate.

Anime rassegnate, che ve ne state a guardare lo sfacelo in cui sprofondiamo, imparate da Aleksandra Dulkiewicz, 39 anni, madre di una bambina, avvocato, eletta nuova sindaca di Danzica il 3 marzo scorso con l'82,2% dei voti, come si batte il partito internazionale dell'odio.[42] Un partito che non conosce confini, che ha mille volti e un'unica identità: l'odio per l'altro, per il diverso. L'odio per lo straniero, il nero, l'ebreo, l'islamico, l'odio per il gay. Il partito dell'odio aveva colpito a morte, il 13 gennaio, per mano di un fanatico, il predecessore della Dulkiewicz, Pawel Adamowicz, da vent'anni sindaco amatissimo della città polacca, la città dei cantieri navali e di Solidarnosc. La città che lui aveva voluto sempre accogliente verso i rifugiati e ogni minoranza. Anche in questa Polonia dominata dai sovranisti. Contro di lui era stata scatenata una violenta campagna di odio. Il delitto ne è stata la conseguenza e ha suscitato una enorme commozione. L'urna con le sue ceneri riposa ora nella cripta della basilica di Santa Maria, la cattedrale di Danzica.

Al partito dell'odio è idealmente iscritto Brenton Tarrant, l'estremista anti islamico che il 15 marzo scorso ha compiuto due orrendi stragi, ammazzando cinquanta persone in due moschee a Christchurch, in Nuova Zelanda. È il partito dell'odio che il 16 giugno 2016 assassinò, per mano di un estremista sovranista urlante «prima la Gran Bretagna», la deputata laburista Jo Cox, impegnata con i migranti e contro la Brexit. È il partito dell'odio che l'anno prima, il 17 ottobre, aveva ispirato un fanatico xenofobo che a Colonia, in Germania, aveva accoltellato gravemente

[42] Per un bel ritratto di Aleksandra Dulkiewicz cfr. W. GOLDKORN, *Sono buonista e me ne vanto*, in «L'Espresso», 17 marzo 2019.

Henriette Reker, candidata alla carica di sindaco, una vita con i migranti. La Reker sopravvisse, fu eletta sindaco e lo è tuttora.

Ogni giorno molte persone sono bersaglio del partito dell'odio che ammazza, aggredisce, minaccia, insulta. Ovunque e sempre di più. Un veleno di destra che ci sta distruggendo. Un'emergenza sicurezza non meno pericolosa del terrorismo islamico. Perché il partito dell'odio anche quando non uccide fisicamente uccide moralmente l'altro. Tratta lo straniero o il diverso da sé come un essere umano di serie B, che vale meno, che vale poco, perfino che non vale nulla. E uccide noi spiritualmente. Uccide la nostra umanità, la nostra stessa anima, il meglio dei nostri valori europei, l'essenza del nostro cristianesimo. Ci uccide come italiani, figli di una Costituzione che ci siamo dati dopo imperdonabili colpe e indicibili sofferenze, nate dall'esserci consegnati al partito dell'odio, fascista e nazista. L'emergenza sicurezza più drammatica è questa. Perché ne va davvero della nostra vita, di noi stessi.

Anime rassegnate, imparate da Aleksandra Dulkiewicz come si sfida a viso aperto il partito internazionale dell'odio e come lo si batte. Non rincorrendolo, ma opponendogli un'altra visione di umanità. Un'altra visione di comunità. Nella città di Solidarnosc ha tenuto viva la solidarietà. Verso i più deboli e i rifugiati, verso ogni minoranza. Malgrado le minacce sui social, anche contro la figlia, ha continuato sulla strada del predecessore. Ha proposto un programma attento ai problemi sociali, alle famiglie, alle donne, al lavoro. Attento all'ambiente, alle periferie, alla vivibilità urbana. Ha incontrato i cittadini, ovunque. Ha combattuto l'odio con la fraternità. Lei, politicamente su posizioni di centro, ha saputo trovare alleati di diverso orientamento, ridando orgoglio allo spirito unitario cittadino. Ha detto al giornalista Philipp Fritz: «Dopo la morte di Pawel, l'emozione avrebbe potuto essere sfruttata per seminare discordia. Non è accaduto e ne sono fiera. Abbiamo dimostrato di essere una comunità».[43] Che bella idea di comunità.

«Trentino», 21 marzo 2019

[43] F. Fritz, *Aleksandra, neosindaca di Danzica «La città rinasce come voleva Pawel»*, in «la Repubblica», 11 marzo 2019.

SENZA STRANIERI SARÀ UN PAESE PER VECCHI

I nati continuano a diminuire. Ci salvano gli stranieri. Un bambino su quattro che nasce in Trentino ha almeno un genitore straniero. Mille su quattromila nati in un anno. Di questi mille, settecento circa hanno due genitori stranieri. Uno su sei. Con qualche leggera variazione sono le percentuali degli ultimi dieci anni.

Un nuovo Trentino non sta nascendo, è nato da un pezzo. Molti non se ne sono accorti, molti fingono di non accorgersene. Ma questa è la realtà, più forte di qualsiasi opinione. Tra i mille ci sono probabilmente anche un futuro sindaco di Trento e una futura presidente della Provincia autonoma. Un giorno rideranno di questi nostri tempi che vedono lo straniero come un nemico quando invece è una colonna portante della nostra società. Talmente portante che sta impedendo che essa crolli. Che muoia di vecchiaia.

Così è per l'Italia intera. La media nazionale dei nati con genitori stranieri è di un paio di punti inferiore a quella trentina. Ma nel Nord Est è di quattro punti superiore. L'Italia, insieme a molti Paesi europei, senza gli stranieri morirebbe di vecchiaia. Pochi giorni fa, il nostro ministro dell'Interno ha detto che se continuerà il calo demografico, nel 2050 l'Italia sarà una enorme casa di riposo. Arriva tardi il ministro. Queste cose, quelli che si occupano non elettoralmente di migrazioni le dicono da anni. La metafora della casa di riposo è vecchia. Anche nel nostro piccolo la usiamo da vent'anni.

Ma quello che il ministro non dice, perché smentirebbe la sua propaganda anti-stranieri, è che senza gli immigrati l'Italia sarebbe da un pezzo una casa di riposo. Da tre decenni i figli degli immigrati riempiono le culle lasciate vuote dai figli degli italiani.

Ce lo ha spiegato bene Corrado Bonifazi, uno dei migliori studiosi di migrazioni. Tra il 1991 e il 2011 gli stranieri in Italia sono passati da 356 mila a 4 milioni. Come mai? Tra i fattori, quello più importante è che per effetto soprattutto del calo della natalità, registrato a partire dagli anni '70, la popolazione italiana in età lavorativa tra il 1991 e il 2011 era diminuita di 3,2 milioni di unità. Gli stranieri hanno colmato i vuoti lasciati dagli italiani. E nello stesso ventennio la popolazione ultraottantenne è passata da 1,9 a 3,6 milioni.[44]

Da un pezzo saremmo una casa di riposo senza gli stranieri. Ma questo la destra non lo dice. Sono mancate politiche di sostegno alla famiglia e alla natalità? Anche. Ma la Lega, partito del ministro dell'Interno, è stata con la destra molti anni al potere in Italia dal '94 ad oggi. Cosa ha fatto? Ed è stata al potere in molte regioni dove si registra una natalità inferiore a quella del Trentino e dell'Alto Adige dove la Lega, invece, al potere non c'è mai stata. Almeno fino a pochi mesi fa.

Comunque, buone politiche familiari aiutano, ma non bastano. Occorrono sistemi forti di welfare. Ma come tenere in piedi buoni sistemi di welfare e abbassare le tasse come vorrebbe la Lega? O volere i condoni fiscali invece di combattere l'evasione? Lo Stato i soldi dove li prende? E come sostenere un capitalismo selvaggio e non guardare alla condizione lavorativa delle donne?

Ma anche se si facesse tutto questo, ci ricorda Bonifazi, senza l'immigrazione non ce la facciamo. Il nostro Paese, come altri, morirebbe di vecchiaia. Al di là dello *ius soli* e della sceneggiata sulla cittadinanza premio ai piccoli eroi, questo è il vero tema. Sono nati e nascono nuovi italiani. Lo sono di fatto. E altri ne arriveranno. Non sono i nostri nemici, ma quelli che ci salvano. Con la loro vita, il loro lavoro, i loro talenti. Sono una colonna della nostra società. Anche con la loro diversità. Costruire buona convivenza e integrazione è l'unica strada che abbiamo davanti. L'unica saggia politica. La politica dell'odio per lo straniero oltre che disumana è cieca.

«Trentino», 28 marzo 2019

[44] Cfr. C. Bonifazi, *L'Italia delle migrazioni*, Il Mulino, Bologna 2013, pp. 238-242.

VIVERE A DADAAB, LA MEGALOPOLI DEI PROFUGHI

Se non sappiamo cos'è un campo profughi, non sappiamo nulla del mondo dei profughi. La maggior parte dei profughi e degli sfollati vive lì, nelle centinaia di campi, piccoli, grandi, perfino immensi che costellano il Vicino Oriente, l'Asia meridionale, l'Africa subsahariana. Villaggi e città di tende, di baracche, di capanne, brulicanti di vita, ma che non trovate sulle mappe. Anche se sono enormi, anche se a volte esistono perfino da decenni, anche se molti esseri umani vi sono nati, cresciuti e vi hanno messo su famiglia, sono più invisibili delle immaginarie città di Calvino. L'invisibilità di queste città ci fa comodo. Noi europei immaginiamo che i profughi arrivino o vogliano arrivare tutti da noi, ignorando o fingendo di ignorare che così non è. Non possiamo accoglierli tutti, ripetiamo alla noia. Ma quali tutti, quando mai. Non possiamo portare il peso delle sofferenze del mondo, diciamo a noi stessi per giustificare muri e barriere e metterci la coscienza in pace. Ma quale peso. L'85% dei profughi è accolto nei Paesi del Sud del mondo, limitrofi alle aree di conflitto. Sono Paesi spesso molto poveri, con problemi molto più grandi dei nostri. Il peso dell'accoglienza grava soprattutto su di loro. Il Libano accoglie 1 milione e mezzo di profughi ed è grande come il Trentino-Alto Adige che ne accoglieva tremila al suo massimo storico. E il numero totale di profughi in Italia è inferiore a quanti ne accoglieva fino a poco tempo fa un solo campo profughi, il campo di Dadaab, in Kenya. Ma noi pretendiamo di sentirci stanchi di portare il peso dei dolori del mondo.

Dadaab, la megalopoli dei profughi. Dadaab, l'immensa «città delle spine», è il simbolo delle tragedie dei profughi degli ultimi trent'anni. Sorge in mezzo al deserto vicino al confine tra Kenya e Somalia, a un passo dalla linea dell'equatore, e si estende per

80 chilometri quadrati. È nata nel 1991 sotto l'egida dell'Alto commissariato per i rifugiati delle Nazioni Unite (Unhcr) per dare un rifugio a 90 mila profughi che fuggivano dalla Somalia, tormentata dalla guerra civile. Dalla metà degli anni Ottanta a oggi la guerra non ha cessato di provocare distruzioni, lutti, sfollati, profughi. Il movimento estremista e terrorista di al-Shabaab ha dilagato in Somalia.

Poi sono scoppiate le guerre in Sudan e nel 2016 Dadaab è arrivata ad accogliere mezzo milione di profughi. Una distesa sconfinata di tende, baracche, capanne di fango e rami prelevati dai boschetti di scuri alberi spinosi che la circondano. I tetti di lamiera che brillano al sole annunciano l'arrivo ai passeggeri degli aerei che si apprestano ad atterrare nel suo campo-aeroporto. Dadaab non è in realtà un campo profughi, è formata da quattro enormi campi: Dagahaley, Ifo, Ifo 2, Hagadara. Dal campo più a sud a quello più a nord ci sono diversi giorni di cammino. Dadaab è una metropoli, anzi una megalopoli. Le sue strade di terra, con la polvere sollevata dal vento che penetra ovunque, sono percorse da migliaia di persone, da carri, carretti, capre, biciclette, moto, macchine, fuoristrada, autobus, e ai loro lati sorgono anche ospedali, scuole, cinema, hotel, mercati. A Dadaab ci sono campionati di calcio. Ci sono gli alloggi comodi e i locali dove si mangia e si beve bene per il personale delle agenzie umanitarie internazionali, i funzionari kenyani, le forze dell'ordine e i militari, per i commercianti e gli affaristi. C'è la corruzione, tanta. Politici e funzionari kenyani avidi possono risolvere o complicare ogni problema. Se hai soldi puoi comperare anche una carta d'identità kenyana e ottenere la cittadinanza. Dadaab è il mondo. Ci sono i quartieri dei ricchi, dove un povero è disprezzato, i quartieri della classe media, e quelli immensi, sovraffollati dei poveri, dove regna la miseria e la desolazione. Quartieri a permanente rischio di epidemie, dove ci sono le fogne a cielo aperto, la lotta per la vita, le bande di criminali, la violenza quotidiana, la prostituzione, i clan che controllano tutto. Sono degli slum.

Ma a Dadaab c'è anche la solidarietà, l'istruzione, lo sport, il gioco. Ci sono gli ambulatori, le moschee, le chiese, i centri di formazione per i giovani, quelli per i disabili, le sedi delle associazioni e delle Ong internazionali. Ci sono personaggi e imam straordinari per umanità e spiritualità, punti di riferimento per quella moltitudine sradicata, sbandata, disperata, stanca, ferita che vuole risorgere, che spera di tornare a casa, e che più spesso dispera e ha bisogno, per non morire, di qualcuno che la incoraggi a resistere.

A Dadaab c'è il grande mercato dove si può trovare di tutto, da un autobus a un computer, dai pomodori a un generatore a un cellulare. La sterminata megalopoli dei profughi è anche un grande affare per molti kenyani e somali che vivono al di là del deserto. Ogni mese, grazie ai soldi delle Nazioni Unite, arrivano 8.000 tonnellate di cibo per sfamare i profughi. Parte di questo cibo viene acquistata in loco. La distribuzione è precisa e rigorosa, tutto è registrato elettronicamente dall'Unhcr. Ogni profugo riceve una razione di viveri che gli assicurano 565 grammi di cibo al giorno che devono fornirgli 2241 calorie. Molti profughi rivendono parte del cibo (farina, riso, fagioli, olio, sale) per intascare qualche soldo per altre necessità. Qualcuno fa anche la fame per mandare dei soldi ai familiari in Somalia.

Non è un paradiso per i profughi. È un carcere a cielo aperto in mezzo al deserto. Una prigione fisica, ma anche mentale. Tante speranze e sogni di una vita normale vi sono incatenati, si aspetta che le cose cambino. Si aspetta, si aspetta, si aspetta. Per alcuni le cose cambiano, finalmente, per i più si continua ad aspettare, mesi, anni, perfino decenni. L'attesa è la condizione del profugo, in tutto il mondo.

Non sono stato a Dadaab, ma per quattro anni c'è stato Ben Rawlence, ricercatore e giornalista britannico, che in un libro meraviglioso c'è l'ha raccontata così bene, così a fondo, con tale precisione, sincerità e partecipazione umana che a leggerlo ti pare di esserci stato anche tu. Il libro è *La Città delle Spine.*[45] L'autore, nell'ultima parte del volume, ci descrive la conversazio-

[45] B. RAWLENCE, *La Città delle Spine. Nove vite nel campo profughi più grande del mondo*, Francesco Brioschi Editore, Milano 2018.

ne di un gruppo di giovani che pensano al viaggio per l'Europa, stanchi di rimanere in quella prigione. E poi perché un uomo, per essere rispettato dal proprio clan, deve mantenere la propria famiglia. Andare in Europa, soprattutto l'Europa del Nord, o in Nord America o in Australia dà la possibilità di essere finalmente uomini, di guadagnare e di mandare soldi a casa. Le famiglie investono su questa rischiosa scommessa. Sottrarsene è da codardi. Tutti hanno parenti o conoscenti che sono diventati uomini in questo modo. Sanno che il viaggio attraverso la Libia e il Mediterraneo è pericoloso e costoso, e che a migliaia sono annegati in mare. I sopravvissuti hanno raccontato loro «delle urla di terrore di chi affogava cercando di tenere a galla i bambini, dei corpi che galleggiavano sull'acqua, spesso anche di donne incinte».[46] I giovani di Dadaab conoscono le storie orribili di rapimenti e omicidi da parte dei trafficanti di organi cui possono andare incontro coloro che intraprendono le altre rotte, quella verso Israele attraverso l'Egitto e il Sinai, o quella verso l'Arabia Saudita attraverso lo Yemen. Sanno dei sequestri a scopo di ricatto, dei morti di disidratazione. Sanno dei tanti soldi da pagare ai poliziotti e ai soldati nei quali ovunque ci si imbatte. Ma tutti pensano di farlo quel viaggio della speranza. Dice uno: «Dipende tutto dai trafficanti. Se ne trovi uno bravo arrivi in fretta e senza rischi». I giovani più fortunati, ma sono pochi, riescono a ottenere l'asilo in America o in Europa attraverso i piani di ricollocamento dell'Unhcr. Gi altri attendono e progettano il viaggio della speranza. Attendono e progettano. Attendono e progettano. L'attesa è la condizione del profugo.

Intanto il Kenya preme per la chiusura del campo. Nel 2013 c'è stato un primo accordo con la Somalia e l'Unhcr per il rimpatrio «volontario e spontaneo». Ma la situazione in Somalia resta difficile e pericolosa. Il libro si chiude nel maggio 2016 su questa prospettiva di incerto destino dei profughi, ma con la certezza che è impossibile chiudere il campo. È di questi giorni la notizia che il Kenya ha ordinato la chiusura di Dadaab entro l'anno e ha

[46] *Ivi*, p. 326.

chiesto alle Nazioni Unite di accelerare i tempi per il ricollocamento dei 210.000 profughi che vi sono accolti. Le Nazioni Unite hanno risposto che ogni ricollocamento va effettuato rispettando i criteri di volontarietà, umanità e garanzia di sicurezza.[47] Problemi enormi. No, non portiamo noi il peso delle sofferenze del mondo.

Marzo 2019

[47] N. Bhalla, *Kenya orders closure of Dadaab refugee camp this year, according to leaked U.N. document,* in www.theguardian.com, 29 marzo 2019.

LE SORPRESE DI UNA CONFERENZA

La conferenza si svolge il 4 aprile 2019 presso la Biblioteca civica di Rovereto ed è il secondo appuntamento di un ciclo di incontri intitolato «Parole in tempo di migrazioni», promosso dalla stessa Biblioteca, dall'Università e dalla Diocesi di Trento. La parola guida di questo incontro è «Sorpresa». «Per evitare giudizi e stereotipi – recita la locandina – lasciamoci sorprendere dai dati di una realtà complessa, com'è il mondo di oggi». Sono presenti una trentina di persone.

Il relatore esordisce dicendo che inizierà con la lettura di due testi. Il primo è il «Canto degli emigranti». Ne legge gli ultimi versi: «Vestiti di stracci, in grandi greggi, noi, carichi di un incredibile dolore, ci recammo nella terra grande e lontana. / Alcuni di noi affogarono davvero. / Alcuni di noi morirono davvero di stenti. / Ma per ogni dieci che morirono un migliaio sopravvisse e tenne duro. / Meglio affogare nell'oceano che essere strangolati dalla miseria. / Meglio ingannarsi da sé che essere ingannati dai lupi. / Meglio morire a modo nostro che essere peggio delle bestie.»

Ascoltando questi versi, dice il relatore, ciascuno di voi avrà avuto davanti le drammatiche immagini dei giorni nostri. I barconi strapieni, i naufragi, i salvataggi e i tanti morti tra coloro che cercano di approdare alle nostre coste in cerca di una vita migliore. Ma, dice il relatore, il «Canto degli emigranti» è della fine dell'800 e lo cantavano gli emigranti tedeschi e italiani. È riportato all'inizio del libro *La storia. Cinque secoli di esperienza italo-americana*, una ricostruzione dell'emigrazione italiana negli Stati Uniti scritta da due studiosi italo-americani, Jerre Mangione e Ben Morreale.[48]

Il relatore prende in mano il libro e lo mostra al pubblico. In copertina c'è l'immagine in bianco e nero di un gruppo di ope-

[48] J. Mangione - B. Morreale, *La storia*, cit., pp. XVIII-XIX.

rai, il volto serio, il cappello o la coppola in testa, una vanga al fianco. Quando noi ci chiediamo, commenta il relatore, perché tanti migranti di oggi partono sapendo che potrebbero morire lungo le rotte dei deserti o in mare, la risposta ce la danno i nostri emigranti di fine '800: «Meglio affogare nell'oceano che essere strangolati dalla miseria. Meglio morire a modo nostro che essere peggio delle bestie».

Siamo fatti per non accettare la realtà così come ci è data. Siamo fatti per cambiare il mondo, o per andare altrove a cercarne uno migliore. È il senso perenne della migrazione, fin da quando i primi uomini lasciarono l'Africa e andando verso l'ignoto colonizzarono il resto del pianeta. È la speranza che ci muove, più forte di ogni pericolo. Siamo fatti per andare oltre la nostra realtà. E, per chi ha una fede religiosa, per andare addirittura oltre la realtà stessa.

Il relatore legge poi il secondo testo. È un articolo di giornale del 1° marzo 2019 intitolato *Vittime dell'indifferenza* e parla di un vibrante intervento pronunciato da un vescovo contro la mentalità xenofoba e contro lo sfruttamento dei lavoratori stranieri. Il relatore legge alcuni passi dell'intervento del vescovo, di cui non fa il nome.

«Molti ricevono salari da schiavi e sono continuamente minacciati di arresto. Quando le comunità locali avviano una protesta per la mancanza di servizi pubblici tirano fuori la rabbia nei confronti di cittadini stranieri. È ingiusto che migranti e rifugiati diventino capri espiatori per le evidenti carenze del governo e delle autorità locali». Il vescovo non nega l'esistenza di un problema di criminalità legato anche al fenomeno delle immigrazioni. Tra i migranti, infatti, dice, «vi sono persone che sono pesantemente coinvolte nel traffico di droga», e negli ultimi anni «le droghe sono diventate una piaga in alcune delle nostre comunità, quindi la rabbia palpabile delle comunità è comprensibile». Tuttavia, aggiunge il vescovo, «le aberrazioni di alcuni non dovrebbero portare alla condanna generalizzata dell'intera comunità di migranti e rifugiati». Anche perché «il grave peccato che commettiamo in questo nostro tempo è il peccato dell'indifferenza per la condizione degli altri. Camminiamo dall'altra parte della strada, come il sacerdote e il levita. Non vogliamo vedere, non vogliamo sapere. Misuriamo il valore delle persone applicando i criteri sbagliati di etnia, nazionalità, cultura e religione [...] Quando discriminiamo i nostri fratelli, tradiamo la nostra stessa umanità». Non solo, prosegue, «oscuriamo l'immagine di Dio impressa nei nostri volti e nei nostri cuori. Il fatto è che siamo creature che trovano la nostra perfezione solo stabilendo una relazione con gli altri. È questa reciprocità che ci rende veramente umani. È una relazione reciproca che attraversa confini artificiali, frontiere geografiche, linee di frattura culturale e divisioni razziali».

Secondo voi, chiede al pubblico il relatore, chi può essere il vescovo? Alcuni dei presenti fanno dei nomi di vescovi italiani, tra cui anche quello di Trento. Sì, dice il relatore, potrebbe essere uno di loro. Ma non è. È l'arcivescovo cattolico di Johannesburg, Buti Joseph Tlhagale, e si sta rivolgendo, lui vescovo africano nero, ai suoi fedeli africani, per lo più neri. L'articolo è stato pubblicato su «L'Osservatore Romano» organo della Santa Sede.[49] Molti, dice il relatore, sono i rifugiati e i migranti che vivono in Sudafrica e che provengono sia da altri Paesi africani, come lo Zimbabwe, il Mozambico, il Malawi, ma anche la Nigeria, l'Eritrea, l'Etiopia, sia da Paesi asiatici, come il Pakistan e il Bangladesh. Nel Paese, che si è liberato dell'apartheid un quarto di secolo fa, gli scontri a sfondo razziale e xenofobo, in particolare tra gli stessi africani neri e tra africani e asiatici, sono stati numerosi in questi anni e hanno provocato anche delle vittime. Le parole dell'arcivescovo, dice il relatore, potevano essere state pronunciate a Trento, a Bologna, in Germania o in Spagna. Questo ci fa pensare a quanto gli esseri umani siano simili, pur nella loro diversità. Ci fa pensare in maniera diversa al fenomeno delle migrazioni, alle sue diverse facce, ma anche alle sue costanti, ovunque.

Ci suscita domande e pensieri sul razzismo. Ci sorprendiamo

[49] *Vittime dell'indifferenza*, in «L'Osservatore Romano», 1 marzo 2019.

del razzismo tra neri? Noi italiani, che abbiamo conosciuto, e conosciamo, il razzismo dei settentrionali verso i meridionali? Noi che abbiamo conosciuto, e conosciamo, il razzismo di altri europei verso di noi? Noi che siamo razzisti verso altri europei? Eppure siamo tutti bianchi, tutti italiani, tutti europei, tutti cristiani. Razzisti e vittime del razzismo. Nel libro sull'emigrazione italiana negli Stati Uniti, da cui abbiamo tratto il «Canto degli emigranti», dice il relatore, trova ampio spazio il razzismo di cui sono state vittime gli italiani, insieme a neri, ebrei, slavi. Razzismo sfociato anche in linciaggi, come quello di New Orleans del 14 marzo 1891 che costò la vita a 11 innocenti italiani. Ma anche noi siamo stati razzisti spietati nelle nostre invasioni coloniali in Africa. Colpevoli di razzismo e vittime. Il razzismo è una invenzione ideologica che non risparmia nessuno. La conferenza prosegue, altre sorprese emergono. Continuo a informarmi, conclude il relatore, che poi sarei io, e mi sorprendo di scoprire sempre nuovi aspetti di questo fenomeno migratorio dai mille volti.

Aprile 2019

LA COSCIENZA DEL COMANDANTE GRÜNINGER

La storia di Paul Grüninger parla con tale forza al nostro presente che ogni occasione è buona per ricordarla. Adesso è una data. Ottant'anni fa, la mattina del 3 aprile 1939, Paul Grüninger, comandante delle guardie di frontiera del Cantone svizzero di San Gallo, al confine con l'Austria, si reca come al solito in ufficio. Ma sulla porta una guardia lo blocca e gli dice che ha l'ordine di non lasciarlo entrare. È la fine della carriera del comandante. L'inizio di un calvario che non l'abbandonerà più. La sua colpa? Aver aiutato molti profughi ebrei che fuggivano dall'Austria, annessa al Reich, a entrare illegalmente in Svizzera per scampare ai lager.

Grüninger era nato a San Gallo nel 1891 in una famiglia di negozianti, padre cattolico, madre protestante. Studente non eccelso ma ottimo calciatore, aveva vinto con la squadra della sua città il campionato di serie A 1914/15. Conseguito il diploma di insegnante, ben presto però era entrato nella polizia cantonale. Si era sposato con Alice Federer ed erano nate Ruth e Sonja. Diventato comandante nel '25, continuava a seguire il calcio e a cantare nel coro della parrocchia. Politicamente era un conservatore. Una vita ordinaria, ma una coscienza straordinaria.

Nel marzo del 1938 la Germania nazista occupa l'Austria e con un referendum viene sancita l'unificazione dei due Paesi. Gli ebrei devono fuggire dall'Austria. La Svizzera ne accoglie tanti. È da sempre un rifugio per gli esuli. Ma il vento cambia.

Il Paese tradisce la sua storia e il 19 agosto di quel 1938 chiude le frontiere ai fuggiaschi ebrei senza visto. Basta, sono troppi questi clandestini, dicono le autorità svizzere. Si dice anche che gli ebrei imbastardiscano le tradizioni culturali locali.

Ma Grüninger non ci sta. Non vuole rifiutare l'ingresso a

bambini, donne, uomini, vecchi, famiglie che cercano la salvezza. È uno svizzero, ha il culto della legge, è un uomo della legge. Ma la sua coscienza gli impedisce di respingere quegli esseri umani. Falsifica i loro documenti, vi appone una data anteriore al 19 agosto, giorno della chiusura delle frontiere. Riesce così a salvare centinaia di profughi. Forse tremila.

Ma viene aperta un'inchiesta interna. Il trucco della data è scoperto e il 3 aprile del '39 Grüninger è sospeso dal servizio. Subirà un processo, il licenziamento, il disonore. Nessuno lo difenderà. Emarginato come un traditore non troverà lavoro, farà l'ambulante, verrà privato della pensione. Almeno la sua famiglia restò sempre unita. Rimase silenzioso, dignitoso, senza pentimenti, senza risentimenti. Morì nel 1972, povero. L'anno prima Israele l'aveva riconosciuto come un Giusto.

Ma la Svizzera respinse a lungo ogni proposta di riabilitarlo. Lo fece solo nel 1995, grazie alle ricerche dello storico Stefan Keller. Finalmente riconobbe che Grüninger aveva fatto la cosa giusta. Troppo tardi, ma riconobbe che lui ebbe ragione a salvare i clandestini e la legge torto. La condanna fu annullata, fu risarcita la famiglia che con la somma ricevuta istituì la Fondazione Grüninger per la pace e i diritti umani. Lo stadio di San Gallo oggi porta il suo nome. Cinque anni fa anche la polizia cantonale ha riabilitato solennemente il suo ex comandante, presente l'anziana figlia Ruth.

Accanto alla fondamentale biografia di Stefan Keller,[50] ora c'è anche un bel film, *Akte Grüninger*, di Alain Gsponer, del 2014 (il dvd si può trovare sul mercato tedesco). Del film e del libro non potrebbe qualcuno farne un'edizione italiana? Abbiamo bisogno di far crescere coscienze libere. Impediscono ai popoli di perdersi del tutto. In due paginette autobiografiche del 1954 l'ex comandante scrisse: «Non mi vergogno della condanna subita.

[50] S. Keller, *Grüningers Fall. Geschichten von Flucht und Hilfe,* Rotpunktverlag, 6. Auflage, Zürich 2014. Un sintetico e interessante profilo di Grüninger si può trovare nel libro di Eyal Press, *Anime belle. Il coraggio e la coscienza di uomini comuni in tempi difficili*, traduzione di M. L. Chiesara, Einaudi, Torino 2015, pp. 13-56.

Al contrario, sono orgoglioso di aver salvato la vita di centinaia di persone perseguitate. L'aiuto agli ebrei era radicato nella mia concezione di cristiano. Il mio personale benessere, commisurato al crudele destino di quelle migliaia di perseguitati, era così insignificante che non l'ho mai preso in considerazione».

«Trentino», 4 aprile 2019

LA VERITÀ NON STA NEL NUMERO

Il voto dà il potere di fare le cose. Ma il voto non trasformerà mai una cosa ingiusta in una giusta. Un atto disumano in uno umano. Se il governo nazionale e quello provinciale trentino trattano i profughi in maniera ingiusta e disumana, come stanno facendo, noi abbiamo non solo il diritto ma il dovere di condannare i loro atti. Se venissimo meno a questo dovere, perderemmo il diritto di chiamarci uomini. E cittadini.

Non c'è voto che tenga. Il potere può dire quello che vuole. Un atto disumano resta tale. Fosse sostenuto anche dal consenso del 99% degli elettori. O del 100%. La persecuzione di una minoranza da parte di una maggioranza ha riempito la storia di atti disumani. E di stermini e genocidi. Ma anche la persecuzione del singolo essere umano da parte di tutti gli altri uniti resterà sempre un atto abominevole.

La verità non sta nel numero, né nella forza. Nemmeno la giustizia sta nel numero o nella forza.

Ci stiamo avvicinando ai giorni della Passione in cui ricordiamo un uomo giusto condannato e ucciso dal governo, dai sacerdoti e dal popolo. Ma noi diciamo che la verità e la giustizia erano in quell'uomo solo, non in tutti gli altri uniti nel giudizio contro di lui. Verità e giustizia non erano nel voto popolare per Barabba. Erano in quell'uomo solo, Gesù, messo alla berlina e poi fatto fuori con unanime consenso.

La verità non sta nel consenso. Il governo sta perseguitando una piccola minoranza di esseri umani. I più deboli e indifesi. Li sta rimandando nei lager in Libia, dove, per estorcere loro denaro, subiscono dai carcerieri violenze e torture, e in molti casi perfino la morte. Il nostro governo sta mentendo su questo crimine contro l'umanità.

Il voto non trasforma una menzogna in una verità. Il Rapporto delle Nazioni Unite del dicembre 2018 sulla situazione dei rifugiati in Libia non lascia dubbi: «Ci sono enormi rischi che dal momento in cui mettono piede sul suolo libico, i migranti siano esposti a uccisioni illegali, torture e altri maltrattamenti, detenzioni arbitrarie e privazioni illegali della libertà, stupri e altre forme di violenza sessuale, schiavitù e lavoro forzato, estorsioni e sfruttamento sia da parte di soggetti dello Stato sia non statali».[51] E si documenta questa affermazione in sessanta pagine piene di testimonianze e di prove (se mai ce ne fosse ancora bisogno) che non possono lasciar dormire sonni tranquilli a nessuno.

Ma il nostro ministro dell'Interno, di fronte ai profughi che hanno dirottato verso Malta la nave El Hiblu 1 che li stava riportando nell'inferno libico, ha avuto l'impudenza di dire che essi sono dei criminali che «vogliono decidere la rotta della crociera». Il voto non trasforma parole indecenti in parole decenti.

Il governo nazionale e provinciale stanno distruggendo quanto di positivo è stato costruito in questi anni nell'accoglienza dei profughi.

Stanno togliendo i profughi, come accade in Trentino, dall'accoglienza diffusa sul territorio e in piccoli gruppi, che ha funzionato bene, e li stanno ammassando in grandi centri, dove le cose non sono mai andate bene, né per i profughi né per la comunità che li accoglie.

Stanno poi mandando sulla strada migliaia di persone cui viene tolta la protezione umanitaria. Il codice penale punisce chi abbandona in strada i cani, ma la legge «sicurezza» prescrive l'abbandono in strada degli esseri umani.

In Trentino abbiamo un pugno di profughi, meno di 1400. Il governo provinciale leghista ha tolto loro i corsi di italiano, gli inserimenti lavorativi, l'integrazione nella comunità, il sostegno psicologico per chi ha subito violenze e traumi. È stata tolta a gran parte di loro la tessera gratis per il trasporto pubblico, a loro che non hanno nulla e che ricevono 2 euro e mezzo al giorno, in base al principio che è meglio darla perfino a dei trentini molto ricchi, con pensioni d'oro e tanti appartamenti.

[51] *Desperate and Dangerous*, p. 4, cfr. nota.

Nessun voto trasformerà degli atti ignobili in nobili. Barabba resta Barabba e Cristo resta Cristo. E i carnefici, carnefici. Voto o non voto.

«Trentino», 11 aprile 2019

ORSI ED ELEFANTI, UN CALCIO AL RAZZISMO

Il 12 aprile si è concluso il primo campionato per Asd Intrecciante, una squadra di calcio speciale. Perché è formata da giovani richiedenti asilo e giovani italiani, perché la società è presieduta da una donna e perché le partite casalinghe di questa squadra non hanno solo due tempi, ma tre. Tutto nasce nel 2017. Alcuni operatori e profughi delle «residenze» Fersina e Brennero, a Trento, si dicono: perché non mettere in piedi una squadretta di calcio, senza pretese, giusto per dare la possibilità ai richiedenti asilo di praticare questo sport così amato dai giovani? Si parte, prime giocate, primi tornei informali. I profughi calciatori provengono dall'Africa subsahariana: Mali, Gambia, Niger, Camerun, Senegal. Comincia ad arrivare qualche giovane italiano.

La squadretta piano piano diventa un bell'ambiente umano, non solo sportivo. I giovani si divertono un mondo, vivono ore di normalità, come tutti i giovani, insieme con altri giovani del Paese che li accoglie. Perché per loro la normalità non esiste. Vivono in una continua attesa e tensione. Attesa dell'esito della domanda di protezione internazionale, attesa di una carta, di un permesso, di una qualche possibilità di lavoro, di un alloggio. Attesa di notizie da casa, attesa che qualcosa finalmente cambi la loro vita e la apra a un futuro migliore. E poi tensione per il clima di ostilità in cui sta piombando sempre più il nostro Paese, anche se a Trento sono tante le persone e le associazioni che sono loro vicine, e anche il Comune fa la sua parte.

Dopo alcuni mesi si sente il bisogno di crescere, di fare una squadra come si deve, che partecipi a un campionato regolare. Il gruppo si responsabilizza, si dà regole e programmi da rispettare, si dà un'identità. La squadra mista profughi e italiani può diventare un bell'esempio di convivenza e fraternità in questi tempi duri.

L'occasione è un bando della Fondazione Caritro. Nasce «Progetto Goal! Fare rete contro il razzismo», appoggiato dalla cooperativa sociale Kaleidoscopio (che gestisce il centro di accoglienza Fersina), da Atas (Associazione trentina accoglienza stranieri, storica associazione locale nell'ambito dell'accoglienza) e da Uisp (Unione italiana sport per tutti). Si ottiene un finanziamento che consente di partecipare al Campionato Amatori della Figc (Federazione italiana gioco calcio), dieci squadre nel girone, diciotto partite. Un bell'impegno. Ci sono molte spese da affrontare: affitto del campo, visite mediche (40 euro l'una), trasferte, divise, palloni, scarpe per chi non può comprarsele, tassa di iscrizione al campionato.

Si crea un'associazione, ci si dà un direttivo, ma speciale: presidente una donna, Serena Endrizzi, e poi italiani e stranieri: Moussa Dia, Beatrice Pani, Hajar Bokdraa, Nicola Serra, Malika Mouj, Federico Tapparelli, Ibrahima Kande. Più un rappresentante dei calciatori, Lorenzo Cortelletti, e l'allenatore, Alberto Cattaruzza. Ci si dà un nome Asd Intrecciante, dove Asd sta per Associazione dilettantistica sportiva. Intrecciante lo spiega il logo: orso ed elefante con sfondo di montagne e fiume. Nicola Serra mi racconta della prima, indimenticabile partita di campionato. Era sabato 14 settembre 2018, fra l'altro il giorno del compleanno della presidente. Giocarono a Campodenno, in Valle di Non, alle 20.30. I giocatori erano emozionatissimi, rispondevano timidi all'appello dell'arbitro, erano nervosi, come si deve essere a un debutto. Intrecciante perse 5-0, ma a fine partita erano tutti felicissimi. Avevano capito di aver creato un'energia positiva che li avrebbe spinti a fare dei passi in avanti. Con quelle premesse si poteva solo crescere. E così fu.

Nelle partite in casa, sul campo di Mattarello, grossa borgata di Trento, Intrecciante portò un'altra rivoluzionaria novità: il terzo tempo. Finita la partita, le due squadre, con arbitro, tifosi e dirigenti, si trovavano in un altro luogo per un momento di convivialità, con la cena, la musica, i discorsi tipici di un dopo partita, l'allegria di ragazzi di vent'anni. Una sorpresa per le squadre ospiti. Molto apprezzata. Un'altra occasione per abbattere muri e diffidenze. Per dare un calcio al razzismo. Per vivere con normalità un incontro che la propaganda politica vorrebbe impossibile.

Il bilancio, a conclusione del campionato, è positivo. Umanamente, s'intende. Intrecciante ha voluto curare bene l'aspetto relazionale, i momenti di convivenza, di festa. Dal punto di vista dei risultati, invece, le cose non sono state esaltanti: poche vittorie, qualche pareggio, tante sconfitte. Ma questo è anche uno stimolo. Umanamente, però, grandi risultati. Soprattutto nei momenti difficili, quando alcuni giocatori hanno dovuto lasciare Trento o l'Italia, talvolta con molta incertezza sul loro futuro. L'ambiente umano di Intrecciante li ha aiutati ad affrontare meglio le difficoltà. Si sono sentiti come in famiglia, dice Nicola Serra. E poi, al di là dei risultati sportivi, i giovani richiedenti asilo esprimevano l'orgoglio di far parte finalmente di una squadra. Intrecciante è molto nota adesso in città. È diventata un punto di riferimento. Calciatori e dirigenti hanno ricevuto molti inviti ad andare nelle scuole e a partecipare a manifestazioni, tra cui il Festival dello Sport. Altri calci al razzismo. Altri momenti umanamente vincenti. Ci si prepara ad affrontare molto motivati il campionato 2019-2020. L'intreccio di orsi ed elefanti funziona.

Intanto, nascono altre squadre che intrecciano giocatori profughi e locali. A Villa Lagarina, vicino a Rovereto, c'è stata il mese scorso una grande cena aperta al pubblico per raccogliere fondi per la nuova squadra, Fc Vicenzina, che mette insieme giovani richiedenti asilo accolti in zona (Villa Lagarina, Pomarolo, Noarna) e nel campo profughi di Marco. L'iniziativa è dell'associazione giovanile Social Catena. Il nome della squadra è un omaggio a Vicenzina Giordani, partigiana di Pedersano e moglie di Giovanni Rossaro, uno dei protagonisti della Resistenza in Vallagrina. «Volevamo dare alla squadra il nome di una donna coraggiosa, aperta al mondo, antirazzista, proprio come siamo noi», hanno spiegato i giovani.[52]

Aprile 2019

[52] T. Gasperotti, *Italiani e profughi in campo. La forza della Fc Vicenzina*, in «l'Adige», 16 marzo 2019.

CAMPO DI MARCO ADDIO

Il campo profughi di Marco di Rovereto, chiuso il 15 aprile scorso con il trasferimento a Trento degli 87 richiedenti asilo che ospitava, ha visto nei suoi otto anni di vita il peggio e il meglio dell'accoglienza trentina.

Il peggio del «vangelo» leghista dell'odio, ma anche il peggio della politica di accoglienza di centrosinistra. Anche il peggio di stampa e tv nella criminalizzazione dei profughi.

Però anche il meglio dell'accoglienza trentina. Il meglio del lavoro di tanti operatori, della dedizione di tanti volontari, dell'impegno concreto di pezzi di istituzioni e società civile. Di questi otto anni il «Trentino» del 16 aprile scorso ha dato un puntuale resoconto.

A Marco, ammassati in quei container, tra quei panni stesi sull'erba umida ad asciugare, si incontrava una umanità fragile, eppur così coraggiosa da rimanerne stupiti, che portava sulla pelle le cicatrici delle torture patite nei lager libici, eppure che sprigionava una così tenace speranza da farci arrossire. Noi, che non sappiamo più cosa è la speranza. Tra quei container e quei panni è passato tanto di quel dolore, è passata tanta di quella speranza da rendere sacro quell'angolo di mondo.

Davanti a quell'umanità dolente e piena di speranza abbiamo visto esibirsi il peggio del «vangelo» leghista dell'odio. Con i suoi cartelli che accoglievano con parole di ostilità quegli esseri umani che scendevano spauriti dai pullman che li portavano a Marco dai porti dove erano sbarcati. E dopo un traumatico viaggio in mare, dopo aver visto anche la morte di familiari e amici. L'odio leghista li accoglieva sgranando il suo «rosario» di slogan e di insulti.

Ma anche il governo provinciale di centrosinistra ha dato il peggio di sé a Marco. Cacciando i profughi dalle casette della Protezione civile, dove erano stati in un primo momento accolti, e stipandoli in disumani container. Diciassette container con 14 persone ciascuno c'erano all'inizio dello scorso anno (e oggi il nuovo presidente, leghista, della Provincia dice che costavano troppo...). Alcuni profughi ci hanno vissuto per più di due anni. Mentre erano vuote le casette della Protezione civile. Una pagina nera della accoglienza di centrosinistra, che pure ha scritto tante belle pagine.[53]

Nel luglio del 2014 la pagina nera l'hanno scritta molta stampa e tv. Una donna di Marco dichiarò di essere stata violentata da un profugo africano durante una passeggiata notturna col cane nei pressi del campo. Pagine e titoloni e telecamere. Per giorni e giorni. Criminalizzazione dei profughi. Viene poi provato che le accuse erano false, tutto inventato. Ma i titoloni non si sono visti per denunciare la falsità delle accuse. E coloro che le avevano cavalcate. Una sproporzione paurosa tra la notizia falsa e quella vera. Così si crea la paura del profugo.

A Marco abbiamo visto anche il meglio dell'accoglienza trentina. Oggi si criminalizzano anche gli operatori e le cooperative. Ma, almeno una parte di loro, ci ha messo davvero l'anima. Quante storie di impegno oltre l'orario, oltre il mansionario, oltre lo stipendio si potrebbero raccontare. E questo vale anche per talune persone delle istituzioni. Non era facile gestire il campo di Marco. C'è chi ha operato con una dedizione ammirevole. Che ha fatto onore alla storia di solidarietà di questa terra.

Anche nella società civile si è vista vera solidarietà, pur in un mare di inimicizia. Aziende, artigiani, albergatori hanno dato la possibilità di fare tirocini di lavoro ai profughi. Scuole hanno organizzato corsi di italiano. Parrocchie si sono mobilitate.

E poi i volontari. Soprattutto loro. A partire da quelli del paese di Marco. Un paese diviso sull'accoglienza. Ma i volontari di Marco, pochi o tanti che fossero, hanno sempre contrastato l'odio e tenuta viva l'umanità. E poi i volontari di Rovereto e degli altri paesi della Vallagarina. Quanto impegno, costante, per

[53] Cfr. V. Passerini - G. Romagnoni, *La solitudine di Omran. Profughi e migranti, cronache di una rivoluzione*, Il Margine, Trento 2018, pp. 237-245.

anni, nell'insegnamento della lingua ai profughi, nell'accompagnarli dal medico, o negli uffici, aiutandoli a disbrigare pratiche, sostenendoli concretamente in tante necessità. Alla fine, forse a Marco si è visto più il bene che il male di cui siamo capaci.

«Trentino», 18 aprile 2019

COSA RESTA DEL VANGELO?

In un nuovo spaventoso naufragio accaduto nel Mediterraneo il 10 maggio sono morte 70 persone che dalla Libia erano partite per l'Italia in cerca di un futuro migliore. I pescatori tunisini ne hanno salvato per fortuna molte altre, allertando le navi. I pescatori hanno conservato la pietà che i nostri governanti hanno perduto.

Il governo italiano è arrivato al punto di punire chi salva esseri umani che stanno annegando. Una vergogna che dovrebbe far reagire tutte le coscienze e che invece è accolta da troppa indifferenza e da troppi applausi, altrettanto vergognosi. Un governo che si dice cristiano e che punisce i samaritani.

I pulpiti delle nostre chiese dovrebbero tremare di indignazione di fronte a questa offesa alla dignità umana e al Vangelo. Cosa resta dell'umanità se non sentiamo dolore di fronte a questi morti? Cosa resta del Vangelo se si punisce chi salva la vita umana? Non possiamo rimanere in silenzio e abituarci a questa barbarie.

Dietro ai numeri di morti ci sono persone, nomi, volti, storie, famiglie, affetti, sogni. Dobbiamo ricordarli quei nomi.

È quello che fa United for Intercultural Action, una Ong olandese che raccoglie i nomi e le storie dei migranti morti nel tentativo di raggiungere l'Europa.[54] Morti in mare, ma anche sulla terraferma, nei centri di detenzione, nelle strutture di accoglienza, in tante altre situazioni a causa dei muri fisici e legislativi costruiti dalla fortezza Europa.

United tiene costantemente aggiornato questo elenco delle vittime, verifica accuratamente le informazioni raccolte, restituisce i nomi a ciascuna vittima, anche se spesso è impossibile, ricostruisce le circostanze, la data, le modalità della morte, segnala la fonte di informazione. Un lavoro paziente e rigoroso.

[54] Cfr. *supra*, pp. 53-55.

Dal gennaio 1993 al 30 settembre 2018 «la lista» elenca e ricorda 35.597 morti. Una strage spaventosa. Una strage infinita. La strage della nuova guerra d'Europa.

La lista è attualmente ferma al 30 settembre 2018 perché, prima di essere inseriti, i nomi delle vittime e le circostanze della morte devono essere per alcuni mesi sottoposti a verifiche, spesso lunghe e laboriose.

La mia proposta è che il 20 giugno prossimo, giornata mondiale dei rifugiati, «la lista» sia pubblicamente letta in diversi luoghi del Trentino. In ciascuno sia letta una parte di questo interminabile e dolente elenco, in modo che l'insieme delle iniziative ne consenta la lettura integrale. Siano letture pubbliche aperte alla libera partecipazione di cittadini, associazioni, volontari. Come è già accaduto in diversi Paesi d'Europa e in diverse città italiane. La lista si può facilmente trovare sul sito di United.[55]

Ci sono ancora tante splendide riserve di umanità nella nostra società. Dobbiamo reagire insieme alla indifferenza e alla barbarie ricordando insieme i nomi dei morti e continuando insieme ad aiutare i vivi.

«Trentino», 16 maggio 2019

[55] http://www.unitedagainstracism.org

PIÙ PROFUGHI, MENO REATI

Il ministro dell'Interno ha diffuso un comunicato stampa in cui afferma che in Italia i reati sono diminuiti del 9,2% nel primo trimestre 2019 e mette in relazione questo dato col calo degli stranieri accolti nelle strutture di accoglienza quale risultato del decreto sicurezza. Il tutto per concludere: adesso facciamo un secondo decreto sicurezza.

Ma è una bugia che il calo dei reati sia un effetto del decreto sicurezza.

Primo, perché se gli stranieri sono in calo nelle strutture di accoglienza è perché sono stati buttati fuori. Ma non fuori d'Italia, fuori sulla strada o accolti in altre strutture. Quindi sono sempre in Italia, solo in condizioni peggiori. Solo un ministro poco serio può dire che i profughi delinquono di più quando vivono nelle strutture di accoglienza che non quando vivono in strada.

Secondo, i reati non diminuiscono come effetto del decreto sicurezza. I reati sono già in diminuzione drastica da almeno tre anni. Anni che hanno visto un considerevole aumento di profughi e governi di centrosinistra in Italia e in Trentino-Alto Adige. Anche se l'ossessiva propaganda negativa verso i migranti ha nascosto questi dati facendo percepire ai cittadini una realtà opposta ma priva di fondamento.

Il ministro, accanto al dato nazionale, ha diffuso anche i dati regionali di questa riduzione dei reati. In Trentino il calo è del 6,4%, in Alto Adige dell'11,8%. La realtà smentisce la propaganda di Salvini. Diamo di seguito una breve rassegna stampa di questo dato della realtà, anche per ricordare che era pubblicamente noto. Ma è stato volutamente ignorato o sottovalutato.

30 dicembre 2016, dichiarazioni del questore di Trento Massimo D'Ambrosio alla festa della Polizia: «Il primo dato che emer-

ge chiaro, netto e incontrovertibile è che i reati sono diminuiti del 20,69%».[56]

10 aprile 2018, dichiarazioni sempre del questore di Trento Massimo D'Ambrosio alla festa della Polizia: «I reati diminuiscono, la percezione della sicurezza è travisata. Tra l'aprile 2015 e l'aprile 2018 i reati in Trentino sono passati da 17.463 a 14.634».[57] Il che vuol dire che negli anni di massimo afflusso di profughi, anche nelle strutture di accoglienza, i reati sono drasticamente diminuiti. Quindi non solo non c'è mai stata nessuna correlazione tra aumento dei profughi e aumento della criminalità, ma in presenza di un aumento dei profughi la criminalità è diminuita. Quella che è cresciuta è la propaganda a base di false notizie.

Lo stesso vale per l'Alto Adige. 11 gennaio 2018, conferenza stampa del questore di Bolzano Giuseppe Racca: «Nel 2017 i reati in Alto Adige sono calati nel 16%: siamo passati dai 17.598 del 2016 ai 14.802 dell'anno appena concluso».[58]

I dati regionali sono in linea con quanto è successo a livello nazionale. Negli anni di maggior afflusso dei profughi c'è stato un netto calo dei reati, ma è cresciuta la propaganda negativa nei loro confronti e quindi è cresciuta una falsa percezione della realtà.

«Corriere della sera» 12 marzo 2018: *I reati calano, la paura cresce*, di Domenico Affinito e Milena Gabanelli. Il reportage cita dati del Ministero dell'Interno ma, sottolineano gli autori, questi dati sono stati resi noti soltanto dopo le elezioni, precedute da una ossessiva propaganda all'insegna delle fake news sui migranti e la sicurezza: nel 2017, secondo il Ministero dell'Interno, rispetto al 2016 gli omicidi sono diminuiti dell'11,2%, le rapine dell'8,7%, i furti del 7%.

«Corriere della sera» 28 giugno 2018: *Calano i reati, cresce la voglia di armi*. Il giornalista Rinaldo Frignani riporta i dati del *Rapporto sulla sicurezza del Censis*. Nel 2017 i reati in Italia sono calati del 10,2% rispetto al 2016. È inquietante che la percezione dei cittadini, scrive il giornalista, sia l'opposto.

[56] «Corriere del Trentino», 31 dicembre 2016.
[57] «Corriere del Trentino», 11 aprile 2018.
[58] «Alto Adige», 11 gennaio 2018.

Conclusione. Non c'è nessun rapporto tra decreto sicurezza e calo dei reati, perché questo calo c'era già stato, e in misura maggiore, negli ultimi anni, senza decreto sicurezza, con il massimo di afflusso di profughi e con il centrosinistra al potere.

Sono invece aumentati nei mesi seguenti l'emanazione del decreto sicurezza, ma il ministro dell'Interno non lo dice, i reati dei politici leghisti al potere. Quello di cui avremmo bisogno sarebbe un decreto sicurezza anti-corruzione.

www.ildolomiti.it, 17 maggio 2019

QUEL SOGNO EUROPEO DELLA ROSA BIANCA

Del quinto volantino ciclostilarono diecimila copie. Chissà quante notti ci vollero ai giovani della Rosa Bianca per portare a termine il lavoro in quel gennaio del 1943. La Gestapo li cercava. I primi quattro volantini, alcune centinaia di cittadini di Monaco di Baviera li avevano trovati in busta anonima nella posta, nell'estate precedente. O infilati sotto la porta. O nei luoghi più disparati. Chi osava tanto? Chi osava incitare i tedeschi alla ribellione? «Per un popolo civile non vi è nulla di più vergognoso che lasciarsi "governare", senza opporre resistenza, da una cricca di capi privi di scrupoli e dominati da torbidi istinti», era scritto nel primo volantino.[59] Il secondo aveva rincarato la dose: «Perché il popolo tedesco rimane così apatico di fronte a dei crimini tanto orrendi e indegni di esseri umani? [...] Ciascuno è colpevole, colpevole, colpevole!».

I giovani del gruppo antinazista della Rosa Bianca erano Hans e Sophie Scholl, Alex Schmorell, Willi Graf e Christoph Probst. Studenti poco più che ventenni, provenienti da città diverse, di confessioni cristiane diverse, si erano conosciuti all'università di Monaco. Nell'amicizia, tra discussioni e letture, avevano maturato il dovere di agire. La loro coscienza glielo imponeva. Leggevano la Bibbia, i filosofi, i grandi scrittori, soprattutto tedeschi, francesi, russi. Uno dei loro maestri, il filosofo Theodor Haecker, li aveva aiutati a cercare il senso della vita personale e collettiva. A non rinunciare mai alla verità, anche nella politica. A considerare sacra la libertà, così come la dignità del lavoro. A non mettere lo Stato, l'economia, la tecnica prima dell'essere umano. Di ogni essere umano, perché l'essenza degli esseri umani, pur nel loro mutare nel tempo e nella varietà dei popoli, è la

[59] P. Ghezzi, *La Rosa Bianca non vi darà pace. Abbecedario della giovane resistenza*, prefazione di E. Affinati, Il Margine, Trento 2014, p. 273.

medesima. E il mistero dell'incarnazione di Cristo, diceva Haecker, aveva illuminato di un destino eterno ogni creatura umana. Bisognava opporsi, perciò, al «nazionalismo virulento dilagante» che invece affermava che «nessuno viene al mondo come uomo, ma come francese, tedesco, inglese, greco, giudeo...».[60]

Col quinto volantino i giovani della Rosa Bianca facevano un salto di qualità. Alcuni di loro, studenti di medicina, erano stati nel frattempo al fronte nei reparti della sanità, in Francia o in Russia. Avevano visto da vicino lo strazio dei corpi tedeschi lacerati, lo strazio inflitto ai francesi e ai russi. A quei popoli che avevano imparato ad amare attraverso le pagine dei loro grandi scrittori e pensatori. Avevano toccato con mano lo scempio che si faceva di quello spirito d'Europa che viveva in Socrate, S. Agostino, Dostoevskij, Rilke, Berdjaev, Goethe, Heine, Turgenev, Francesco d'Assisi, Shakespeare, Hölderlin, Zweig, Bernanos, Guardini, Verlaine, Maritain, Kierkegaard, Gogol, Hugo... E nella Bibbia. I giovani antinazisti avevano anche imparato dal professore Kurt Huber, politicamente un conservatore, studioso dei canti popolari, che condividerà la loro battaglia e il loro destino, il senso profondo della cultura europea, quel suo tenere insieme l'universale e il locale. Il salto di qualità del quinto volantino è nel progetto di un'Europa federata che vi si prospetta e che si doveva realizzare dopo quell'«orrendo bagno di sangue»: «Solo attraverso un'ampia collaborazione dei popoli europei si può creare la base su cui sarà possibile una costruzione nuova [...] Solo un sano ordinamento federalista può oggi riempire di nuova vita l'Europa indebolita».[61] Lo spirito europeo doveva tornare a vivere in un'Europa federata. L'Europa degli Stati, coi suoi esasperati nazionalismi, l'aveva distrutto. Diffondono il volantino con coraggio inaudito in molte città tedesche. A febbraio ciclostilano il sesto volantino, l'ultimo. Spronano gli studenti a ribellarsi. Ma vengono scoperti proprio all'università di Monaco. Il bidello che li denuncia è applaudito dagli altri studenti. I

[60] T. HAECKER, *Che cosa è l'uomo?*, II. ed., Edizioni Paoline, Alba (TO) 1955, p. 16.
[61] GHEZZI, *La Rosa Bianca non vi darà pace*, cit., p. 307.

giovani della Rosa Bianca vengono processati e giustiziati. Ma a loro e agli altri resistenti, come i confinati italiani a Ventotene, alle loro ragioni e alle loro speranze dovranno affidarsi i popoli, e i loro stessi coetanei che avevano applaudito il bidello, per ricostruire l'Europa devastata.

«Trentino», 23 maggio 2019

L'ASSESSORA FLAVIA E IL GRANDE CUORE DI CADERZONE

A Caderzone Terme ci viene da sempre in vacanza Matteo Salvini, ma ci vive e fa l'assessora Flavia Frigotto. E lei è riuscita a vincere la scommessa dell'accoglienza, in una comunità tradizionalmente chiusa e, dopo le elezioni del 2018, molto leghista. Con lei il piccolo comune di 700 anime della Val Rendena, distante tre chilometri da Pinzolo, ha vinto il premio solidarietà 2018 di Ipsia (Istituto pace sviluppo innovazione Acli) e Fondazione trentina per il volontariato sociale. Il 22 maggio c'è stata la consegna ufficiale del riconoscimento. Fino a poco tempo fa, il paese di Caderzone era noto per la qualità dell'accoglienza turistica, adesso lo è anche per quella dei profughi. Alle bellezze del Parco naturale Adamello-Brenta, nel cui territorio è incluso, e che tutela e valorizza con intelligenza, Caderzone può adesso aggiungere anche la bellezza di questa storia di solidarietà.

Siamo nel 2017 e grazie a un «corridoio umanitario», attivato da Comunità di S. Egidio, Tavola Valdese e governo italiano, arriva a Roma un gruppo di siriani, direttamente da un campo profughi del Libano. Vengono affidati ad associazioni e diocesi che avevano dato la disponibilità ad accollarsi in toto le spese dell'accoglienza. Una famiglia, composta dai due coniugi e cinque bambini, viene affidata ad Ipsia Trentino, per volontà del suo presidente, Giuliano Rizzi, il quale, insieme al direttore Fabio Pipinato, cerca una piccola comunità per un progetto di accoglienza partecipato e privo di finanziamenti pubblici. Una possibilità è il piccolo paese di Caderzone, perché uno storico volontario della città di Trento, Bruno Masè, ha lì un appartamento che vuole mettere gratuitamente a disposizione. L'assessora Flavia Frigotto dà con entusiasmo la sua disponibilità per realizzare il progetto. Ha 49 anni, è sposata con Lorenzo, ha una figlia, Martina, laureata in studi internazionali, che ora vive in Danimarca. Ma la gente non la pensa come lei. Quando girano le prime voci sul possibile arrivo dei profughi c'è una sollevazione generale: ci costano un sacco di soldi, sono musulmani, sono agenti dell'Isis, rovinano la nostra vita, e così via. Non mancano nemmeno le aggressioni verbali nei confronti dell'assessora. Si fa un'assemblea pubblica per spiegare il progetto. È il 23 aprile, quattro giorni dopo sarebbe arrivata la famiglia siriana. Il clima è rovente. La prima parte dell'incontro è un fuoco di fila contro il Comune, il quale, si dice, dovrà alzare le tasse per garantire l'accoglienza dei sette siriani. Il sindaco risponde che i profughi non costeranno un euro al Comune, né ad altri enti pubblici, perché saranno i singoli cittadini ad affrontare volontariamente le spese dell'accoglienza. Un progetto nuovo. Finalmente dall'assemblea si alza la prima timida voce favorevole, poi un'altra e un'altra ancora. Le voci favorevoli prendono coraggio, propongono idee e soluzioni. Ma non è facile. Come facciamo se questi parlano solo l'arabo? Come raccogliere i soldi? Come organizzarsi? Ed ecco, dalle prime file si alza un'altra voce che, mi racconta Flavia Frigotto, ancora emozionata, sarà la luce di tutto il percorso: «Flavia, se hai bisogno ti lascio il mio numero di telefono». Era una maestra venuta alla serata perché preoccupata per i cinque figli della coppia siriana. Alla sua, si aggiungono altre disponibilità, al suo, altri numeri di telefono, e quella sera stessa nasce il gruppo Whatsapp «Accoglienza e solidarietà» coordinato dall'assessora. Il gruppo si mette al lavoro fin dal giorno dopo: chi si occuperà del cibo, chi degli indumenti, chi dell'accompagnamento scolastico dei cinque figli, chi dei viaggi. Il 27 aprile, giorno dell'arrivo della famiglia siriana, l'appartamento è pronto, il frigorifero pieno. «La sera del loro arrivo andai a prendere delle enormi pizze per dar loro il benvenuto», racconta Flavia. L'aneddoto più paradossale era la presenza nel gruppo di un'altra maestra in pensione, leghista da sempre, che mai si era attivata nella comunità locale, come solitamente succede nei piccoli paesi. Fino a che non ha conosciuto Cherine, la mamma siriana, 30 anni, Jawdat, il papà, 36 anni, e i loro cinque figli, Abdallah, 8 anni, Doaa, 7, Walaa, 5, Siba, 2, Hikmet, 5 mesi. E allora ha allestito una vera e propria aula scolastica nel loro salotto: enormi lettere dell'alfabeto, numeri e cartelloni alle pareti, e poi quaderni, matite, libri. Tutto ciò in vista dell'inserimento scolastico dei bambini, che avrà buon esito, grazie anche all'entusiasmo del dirigente scolastico e del mediatore linguistico Pietro Maffezzoli di Ipsia. Anche l'inserimento di Walaa nella scuola dell'infanzia riesce benissimo, la bambina è felice. Una ex bidella si prende a cuore il sostentamento della famiglia, in collaborazione con la Caritas di Tione. Alcune mamme mettono a disposizione carrozzine e passeggini per l'ultimo nato, Hikmet, di soli cinque mesi. All'arrivo a scuola, i bambini siriani vengono accolti da una festa.

Caderzone ha rotto il ghiaccio, non solo si è aperto all'accoglienza, ma ha messo in moto una vero coinvolgimento della comunità. Flavia Frigotto ha vinto la sua temeraria scommessa. Non ha seguito l'opinione della gente, non ha fatto un sondaggio per decidere cosa fare. Ha aiutato la sua gente a cambiare opinione. Non a cambiare opinione politica, ma a cambiare il modo di guardare ai rifugiati. Glieli ha fatti conoscere da vicino e hanno capito che l'idea iniziale che si erano fatti di loro era sbagliata. Questi sono i bravi governanti. Non inseguono i loro concittadini.

Dopo alcuni mesi la famiglia siriana decide improvvisamente di partire per la Germania. Forse si era aperta una imperdibile opportunità di lavoro. Accade spesso. I siriani hanno là le loro comunità di riferimento, parenti, amici e prospettive promettenti. Raramente si fermano in Italia. L'addio è commovente e pieno di rimpianti.

Caderzone accoglie ben presto, nella casa di Bruno Masè, una nuova famiglia. Questa volta è una famiglia afgana, tuttora presente, composta dai due coniugi, tre figli, una nonna. Il gruppo «Accoglienza e solidarietà», in collaborazione con i Focolarini, si rimette in moto. Riescono a trovare un lavoro al papà, Reza, trentenne; Mahdjieh, la figlia di sette anni, si inserisce nel Gruppo folk del paese tra le file dei ballerini; Amin di 8 anni partecipa entusiasta agli allenamenti della locale squadra di calcio. Nel settembre del 2018, mamma Fatemeh mette al mondo un altro bimbo, Matin Paolo, accompagnata all'ospedale di Trento da Flavia. Ed è una nuova iniezione di entusiasmo per tutti. La vita per questa famiglia prosegue, tra speranze e problemi. La comunità di Caderzone, guidata dalla sua assessora, continua a sostenerla con amore.

Maggio 2019

UNITI NELLE ARMI, UNITI NELLA GUERRA

Antonio Megalizzi, il giovane reporter trentino ucciso in un attacco terroristico a Strasburgo l'11 dicembre 2018 e che il Festival dell'economia ricorderà il 31 maggio al Teatro Sociale di Trento per la sua passione europea, metteva in scena in un racconto pacifista uno strano missile. Un missile con una coscienza. Quella coscienza che gli esseri umani che l'avevano costruito e lanciato mostravano di aver perduto. Al missile avevano fatto credere che doveva salvare il mondo, ma poi finisce per schiantarsi ed esplodere su una casa abitata da un bambino, con il suo orsacchiotto in braccio, e dai suoi genitori. «Adesso io sono distrutto. Adesso ho distrutto loro. Il mondo è finalmente salvo?»

Il mondo è salvato dalle armi? Domanda sconveniente per il Festival dell'economia che la ignora, anche se ha come tema «Globalizzazione, nazionalismo e rappresentanza». Gli affari sono affari, il mercato delle armi continua a crescere. La spesa militare globale nel 2017 è stata di 1739 miliardi di dollari, cifra record dalla fine della guerra fredda. Cifra spaventosa se pensiamo a quanto viene destinato per affrontare povertà e malattie. Americani, russi, cinesi, europei sono i maggiori produttori di armi, con gli italiani che fanno la loro parte. Globalisti e sovranisti, nazionalisti ed europeisti, democratici e dittatori, governi di destra e di sinistra e di centro su un punto sono d'accordo: produrre sempre più armi, vendere sempre più armi, comperare sempre più armi. Il mondo è salvato da tutte queste armi? Le Nazioni Unite hanno documentato 378 conflitti nel 2017, 186 crisi violente, 20 guerre ad alta intensità.[62] Mai così tante negli ultimi trent'anni. Più armi, più guerre. Più guerre e più morti, più vittime civili, più profughi. Quei profughi che poi respingiamo,

[62] L. LIVERANI, *Conflitti dimenticati. Nel mondo 20 guerre e 186 crisi violente*, in «Avvenire», 10 dicembre 2018.

noi che li abbiamo creati. Ferocia e ipocrisia della nostra civiltà. Chi sono i barbari?

Viene in mente la sciagurata guerra in Yemen, piccolo Paese, poverissimo, lontano dalle nostre preoccupazioni, ma vicinissimo per le armi europee e per le bombe che si fabbricano in Italia e che finiscono su quella popolazione, su quei bambini. Tra il 26 marzo 2015 e il 18 novembre 2018, affermano le Nazioni Unite, ci sono state 17.640 vittime civili in Yemen, di cui 6.872 morti e 10.768 feriti. Lo ricorda in un approfondito servizio Laura Melissari sulla rivista online «The Post Internazionale».[63] I bambini uccisi sono stati 2400. Una strage. La maggior parte delle vittime sono state causate dagli attacchi aerei della coalizione internazionale guidata dall'Arabia Saudita. Che si serve anche delle micidiali bombe prodotte da Rwm Italia a Domusnovas in Sardegna e a Ghedi in provincia di Brescia. Fornite all'Arabia Saudita aggirando i vincoli con triangolazioni tra italiani, americani e inglesi.[64]

La fabbrica sarda di bombe si sta ampliando, si dà lavoro ai disoccupati, l'argomento è tabù, difficile ottenere informazioni.[65] E si continua ad alimentare la carneficina in Yemen. Il governo italiano a trazione leghista continua sulla strada del governo di centrosinistra.

La situazione in Yemen è disperata, anche per la fame e il colera. Altra strage. Secondo Save the Children negli ultimi tre anni sono morti per fame o malattie in Yemen più di 84.000 bambini. E sfollati e profughi a migliaia. Lontani per la nostra sensibilità, molto vicini per le nostre bombe. I musulmani che le comperano non ci fanno paura, anche se estremisti. L'Italia fornisce armi anche agli Emirati Arabi Uniti, pure coinvolti nella guerra yemenita, e al Qatar, accusato dagli americani di fomen-

[63] L. Melissari, *La guerra dimenticata in Yemen. Le origini, le vittime e le tappe del conflitto*, in «The Post Internazionale», http://www.tpi.it

[64] M. Ferrucci - F. Grossi - R. Persia, *Le bombe italiane ai sauditi: ecco il contratto segreto*, in «Il Fatto Quotidiano», 6 dicembre 2018.

[65] G. Cadalanu, *Viaggio nella fabbrica delle bombe*, in «la Repubblica», 29 dicembre 2018.

tare il terrorismo. Ma la nostra azienda di Stato, la Leonardo, che fornisce elicotteri al Qatar, va a gonfie vele. Nel 2018 ricavi e ordini (+32%) hanno superato gli obiettivi previsti, dice orgoglioso l'amministratore delegato Alessandro Profumo.[66] Bel tema per il Festival dell'economia: fabbriche nazionaliste, se non di Stato, e morti globali. Gli affari sono affari. Sovranisti e internazionalisti uniti nella guerra.

«Trentino», 30 maggio 2019

[66] M. Tropeano, *Leonardo, ordini e ricavi oltre gli obiettivi. Profumo: «Ora acceleriamo la crescita»*, in «La Stampa», 14 marzo 2019.

L'ALTALENA DELL'UGUAGLIANZA

È la canzone «Altalena» il simbolo dell'anno scolastico che si chiude. Un gioioso inno all'uguaglianza di tutti i bambini di fronte a chi li voleva discriminare. A chi voleva, in puro stile apartheid, come una consigliera leghista, che sull'altalena di un parco giochi di Trento i bambini stranieri non salissero.

> Portami su, portami giù / portami via da chi mi dice che / che questo gioco non è per me / io sto occupando un posto che / che deve essere di qualcun altro / che deve essere di un bimbo bianco / Portami su, portami giù / fammi sognare dentro al cielo blu... / Portami in alto per non sentire / le frasi ostili di chi divide / e le parole di chi mi esclude / quelle no quelle no / sull'altalena non le metterò.

La canzone ha avuto un enorme successo in tutta Italia e sul web, dove si può trovare facilmente. Ha ottenuto importanti riconoscimenti ed è arrivata tra le tre finaliste del concorso nazionale per i cento anni di Save the Children, l'organizzazione internazionale che tutela l'infanzia colpita da guerre, povertà e discriminazioni, ricevendo il plauso del presidente Mattarella. Non poteva essere diversamente. Il presidente è il garante della nostra Costituzione: «Tutti i cittadini hanno pari dignità sociale e sono eguali davanti alla legge, senza distinzione di sesso, di razza, di lingua, di religione, di opinioni politiche, di condizioni personali e sociali» recita l'articolo 3. Da sempre i programmi scolastici dell'Italia post-fascista si ispirano a questo principio. I bambini sono stati educati da sempre nelle nostre aule all'uguaglianza tra tutti gli esseri umani. A riconoscere la dignità della persona umana, come recitavano i programmi del 1955 che hanno fatto la storia della scuola elementare italiana. Alla festa di Save the Children, a Roma, Mattarella si è congratulato col maestro Alessio Zeni, autore di «Altalena», con la dirigente Paola Pasqualin, responsabile dell'Istituto comprensivo Trento 6, all'interno del quale la canzone è nata, e con gli alunni, presenti con una delegazione. E felici di poter cantare la bellezza dell'uguaglianza e della fraternità. Nelle nostre scuole ci sono ormai tanti bambini che provengono da altri Paesi. I bambini non vedono differenze tra di loro, sono gli adulti che le creano.

Nel Trentino dove il razzismo è tornato al potere col leghismo, cantare l'uguaglianza è pericoloso. La canzone è stata osteggiata dal potere leghista che col segretario del partito ha preso in mano l'Assessorato provinciale all'istruzione, ponendo le premesse di una strumentalizzazione politica permanente della scuola. Un fatto grave e sottovalutato nel Trentino stordito di oggi: il segretario di un partito xenofobo e razzista guida la scuola che deve combattere la xenofobia e il razzismo e insegnare, secondo la Costituzione, che tutti gli uomini sono uguali. Infatti, in quante scuole del Trentino si canterà l'«Altalena» nelle feste di chiusura dell'anno scolastico? In pochissime, statene certi. In tempi normali sarebbero state moltissime. Ma questi non sono tempi normali. Col razzismo al potere, la censura e l'autocensura si fanno sentire.

È perciò il tempo del coraggio. Delle coscienze libere che mettono la dignità di ogni essere umano prima di tutto. Proprio la meravigliosa storia di Save the Children ha molto da insegnare. L'organizzazione fu fondata all'indomani della Prima guerra mondiale dall'inglese Eglantyne Jebb, donna straordinaria, con lo scopo di soccorrere i bambini che morivano di fame in Germania e in Austria, Paesi nemici e sconfitti, e colpiti da crudeli sanzioni economiche. L'odio verso i tedeschi e lo spirito di vendetta dominavano la politica. Eglantyne Jebb finì in prigione (in Inghilterra, nel 1919!) per aver diffuso un volantino con l'immagine atroce di una bambina austriaca ridotta a uno scheletro. «Aiutiamoli!», invocava il volantino, «ci sono due milioni di bambini come questa che stanno morendo di fame».[67] I bambini non sono mai nemici, mai stranieri. Uguali le loro sofferenze, uguali i loro sogni. Anche nel ricordo di Eglantyne Jebb, grazie «Altalena».

«Trentino», 6 giugno 2019

[67] B. BIANCHI, *L'avventura della pace*, cit., pp. 371-374.

SOUMAILA E I SUOI FRATELLI

Soumaila Sacko, bracciante e sindacalista di 29 anni ucciso il 2 giugno di un anno fa, non può essere dimenticato. Oggi in Corte d'assise a Catanzaro ci sarà la nuova udienza del processo che vede Antonio Pontoriero imputato dell'assassinio. Soumalia fu ucciso da una fucilata alla testa mentre aiutava due amici a recuperare delle vecchie lamiere tra le rovine dell'ex fornace «La Tranquilla» a San Calogero, nella provincia calabrese di Vibo Valenzia. Servivano per le loro «abitazioni» nella non lontana baraccopoli di San Ferdinando, nella piana di Gioia Tauro.[68] La fornace dismessa è un sito sotto sequestro dove sono sepolte 135 mila tonnellate di rifiuti pericolosi provenienti da varie centrali idroelettriche italiane. Per quei rifiuti cancerogeni, lì scaricati da Enel in accordo coi proprietari, accusati di mafia, nessuno pagherà, grazie alla prescrizione. Sarà lo Stato a dover sanare il sito, a spese dei contribuenti.[69] L'Italia delle mafie, della corruzione e dell'impunità l'avrà vinta ancora una volta. Questa è la vera questione sicurezza. Ma si criminalizzano i migranti. Che fanno i lavori più pesanti e meno tutelati, che gli italiani sempre più rifiutano. E poi si votano quelli che seminano odio al grido di «prima gli italiani».

Soumaila, arrivato da alcuni anni dal Mali, dove erano rimaste la moglie e la figlia, era bracciante con permesso di soggiorno e sindacalista dell'Unione sindacale di Base. Un impegno duro e pericoloso quello di difendere i lavoratori delle campagne, italiani e sempre più stranieri, spesso privati di dignità e diritti, in balia dei caporali, gli intermediari illegali tra lavoratori e proprietari della terra. Antica piaga del Meridione, ma sempre più

[68] G. Bianconi, *La legge della violenza. Chi lo ha ucciso voleva essere l'unico a rubare quelle lamiere*, in «Corriere della sera», 8 giugno 2018.
[69] C. Dionesalvi - S. Messinetti, *La discarica illegale dove è stato ucciso Soumaila Sacko*, in «Il Manifesto», 6 giugno 2018.

dell'intera Italia, Trentino-Alto Adige compreso (l'ultimo episodio il mese scorso, quando la Guardia di Finanza di Riva del Garda ha incriminato un agricoltore trentino per il disumano sfruttamento di 25 lavoratori stranieri[70]).

Secondo l'Osservatorio Placido Rizzotto (promosso dalla Flai-Cgil), sono 1 milione i lavoratori agricoli in Italia e poco meno di 300 mila sono stranieri (dati 2017). Ebbene, il tasso di irregolarità dei rapporti di lavoro in agricoltura è del 39%. Dentro questa diffusa irregolarità c'è anche lo sfruttamento più disumano, quello del caporalato: fino a 12 ore di lavoro al giorno per 20-30 euro; nel lavoro a cottimo si ricevono 3 o 4 euro per un cassone di quasi 4 quintali di pomodori, agrumi, kiwi; le donne sono pagate il 20% in meno degli uomini. Il caporale si fa pagare dal lavoratore trasporto, cibo, acqua.[71] Lavoratori che per vivere e aiutare la famiglia, spesso lontana, si spezzano la schiena, si bruciano sotto il sole, vivono in malsane baracche, si ammalano e spesso non possono curarsi. E muoiono, muoiono in tanti, nell'indifferenza di un Paese che ha dimenticato la dignità dei lavoratori. Quattro anni fa aveva suscitato commozione e scandalo la storia di Paola Clemente, bracciante, madre di tre figli, morta di fatica nelle campagne di Andria, in Puglia. Ci sono ancora italiani tra le vittime di questo schiavismo. Ma sempre più sono gli stranieri. Il 27 marzo scorso il «British Medical Journal», una delle riviste mediche generaliste più autorevoli al mondo, ha pubblicato il drammatico appello di un gruppo di medici italiani perché si ponga fine allo sfruttamento dei braccianti nel nostro Paese che in 6 anni ha provocato la morte di oltre 1500 lavoratori, in gran parte stranieri.[72] I firmatari sono me-

[70] G. Fin, *Ridotti in schiavitù per lavorare a 1,70 euro all'ora nelle campagne trentine*, in www.ildolomiti.it

[71] http://www.flai.it

[72] *Stop the exploitation of migrant agricultural workers in Italy*, March 27, 2019 in http://bmj.com; A.M. Mira, *L'altra e silenziosa strage del caporalato. Grande e letale irregolarità*, in «Avvenire», 28 maggio 2019; L. Gaita, *Caporalato e sfruttamento, British medical journal: «In sei anni morti 1500 braccianti. 100mila persone nelle tendopoli»*, in «Il Fatto Quotidiano», 28 marzo 2019.

dici specialisti e soprattutto appartenenti alla Ong Medici con l'Africa Cuamm che, in collaborazione con le istituzioni locali, fornisce ai braccianti aiuti sanitari con postazioni mobili per un totale di 4800 consulti medici (43 al giorno in media) e 2880 pazienti visitati. Una strage di «inaudita ferocia», scrivono i medici, causata dalle disumane condizioni di lavoro, igieniche e di vita cui sono costretti i lavoratori. Contro questa ferocia si batteva Soumaila. Mentre troppi italiani si voltano dall'altra parte.

«Trentino», 13 giugno 2019

ALIDAD E CHEFIKI TORNANO A SOGNARE

Nelle partite elettorali l'odio vince sulla solidarietà, il rifiuto sull'accoglienza. Almeno in questa infelice stagione. Ma nella partita della vita non ci sono paragoni. L'accoglienza batte nettamente il rifiuto, la solidarietà stravince sull'odio. Ricordiamolo nella giornata mondiale del rifugiato. Con le storie di Alidad e Chefiki. Storie incredibili, di morte e resurrezione. Dove tutto sembrava finito e dove invece la vita è ricominciata. Storie normali nel mondo di oggi, storie di tanti ragazzi come loro. Che hanno visto la famiglia distrutta, sono rimasti soli e si sono messi in viaggio in cerca di una nuova terra e di una nuova umanità. Le hanno trovate e la partita della vita si è riaperta. Hanno trovato una società accogliente. Non eroica, solo dignitosa. Che rispetta il diritto internazionale, la propria Costituzione e le leggi non scritte dell'umanità. La società accogliente migliora sé stessa, realizza i suoi più grandi valori. E cosa c'è di più grande che restituire la vita a chi l'aveva perduta? Nella società dell'odio, invece, la vita peggiora per tutti. Avvelena chi odia, fa soffrire chi è odiato. Umilia i suoi valori più grandi. Nell'odio perdono tutti, nell'accoglienza vincono tutti.

Alidad Shiri cresce nella città di Ghazni, in Afghanistan. Famiglia benestante, padre militare. «Parlava tanto, ma prima di parlare pensava. Mi diceva sempre che dovevo studiare», ricorda Alidad. «La mamma si chiamava Zabina, che è il nome di un fiore. Era alta e bella, aveva un neo sulla guancia.» Ci sono anche due sorelle, un fratello e la nonna. Famiglia serena, malgrado la guerra. Alidad ha nove anni quando il papà viene ucciso in un attentato. Pochi mesi dopo, la mamma muore sotto le bombe dei Talebani, e con lei la sorella più piccola e la nonna. Alidad è accolto dagli zii, ma è disperato, per un anno non esce di casa. Fuggono in Pakistan. Dopo due anni, Alidad parte da solo, meta l'Inghilterra. Là c'è un amico e un futuro. Va in Iran, lavora due anni in una fabbrica di Teheran. Pagando i trafficanti riparte e raggiunge Istanbul, in Turchia, dopo un viaggio terribile attraverso le montagne del Kurdistan. Fame, sete, gruppi armati. Un pastore curdo accoglie lui e i suoi compagni con umanità. Li sfama, cura le loro ferite ai piedi. Da Istanbul alla Grecia, dopo un altro viaggio pericoloso. Lavora nella raccolta dei pomodori e una notte, a Patrasso, si intrufola in una nave e si lega sotto un tir. A Venezia il tir prende l'autostrada e sono quattro ore di tortura per Alidad che rischia di morire. Il tir si ferma a Bressanone. Alidad è accolto nel villaggio del fanciullo di Merano, poi in una scuola media e in una famiglia. Un avvio durissimo. Trova istituzioni e persone che lo sostengono. Diploma professionale, poi la maturità. Ora si sta laureando alla Facoltà di lettere e filosofia di Trento. Ha scritto la sua storia in un libro, con l'aiuto di Gina Abbate, la sua insegnante di italiano che ha continuato ad aiutarlo anche quando è andata in pensione.[73] Ha girato le scuole di mezza Italia, ha incontrato migliaia di ragazzi, aiutandoli a conoscere il mondo e ad amare la vita. Collabora con l'Unhcr, è editorialista del quotidiano «Trentino».

La storia di Chefiki Lanikpekoun ci porta in Africa occidentale, in Costa d'Avorio, nella città portuale di S. Pedro. Famiglia povera, immigrata dal Benin, che vive in un quartiere benestante, ma in una casupola così piccola che uno dei tre figli deve dormire per terra. Il padre, meccanico, è disoccupato e ne soffre. Ne morirà. È molto stimato nel quartiere, lo chiamano «il saggio». Ai figli diceva: «Fate le cose con amore, mangiate con amore, parlate con amore e sparecchiate con amore», ricorda Chefiki. «La mamma era una bellissima donna nera, alta, con gli occhi marrone». Lei fa piccoli lavori e grandi sacrifici, c'è anche la scuola da pagare. Una famiglia unita, ma in certi giorni non c'è da mangiare. Perché la povertà? Perché l'ingiustizia? Chefiki non se ne fa una ragione, non vuole restare povero. Studia tantis-

[73] A. Shiri - G. Abbate, *Via dalla pazza guerra. Un ragazzo in fuga dall'Afghanistan,* prefazione di A. Riccò, 10. ed, Il Margine, Trento 2015.

simo. Ma il padre muore, il suo cuore cede, non aveva i soldi per curarsi. Quattro anni dopo muore atrocemente anche la madre nell'incendio della loro casa. Chefiki, quattordicenne, va in Benin da parenti. Lavora, è maltrattato, anche perseguitato da una setta. Fugge in Burkina Faso e da lì in Libia, attraversando il deserto. Viaggio spaventoso. Erano stipati in quaranta sul pick-up, muoiono in dieci. Arriva a Sabratha, in Libia. «Non mi aspettavo quella visione d'inferno sulla terra», racconta. «Ammazzavano le persone per divertimento. Vendevano i migranti come schiavi». Riesce a prendere il gommone per l'Italia. Sono soccorsi e portati in Sicilia. Ancora non li riportavano all'inferno. I primi sorrisi dopo tanto tempo. Poi il Trentino, la scoperta delle montagne, le ex caserme della Fersina a Trento. «Accolti da persone stupende». Poi il campo di Marco, a Rovereto, i tristi container. È dura, le sofferenze pesano. Pesano le ingiustizie. Una volontaria lo aiuta nell'italiano che impara benissimo, il paese di Volano lo accoglie, sindaca in testa, frequenta il C'entro Anch'io della Comunità Murialdo, a Rovereto, vi collabora. Scopre nuove dimensioni dell'accoglienza, rinasce. Pubblica un libro con la sua storia.[74] Lo presenta dove lo invitano. Ha talento e tenacia. La strada è sempre in salita, c'è troppo razzismo in giro, e lo fa soffrire. Ma è tornato a sognare.

«Trentino», 20 giugno 2019

[74] C. Lanikpekoun, *Vado per vivere, ma ti ho nel cuore*, Youcanprint, 2019.

TOMMASO MORO DIFESE I LOMBARDS, PAROLA DI SHAKESPEARE

Che i politici abbiano un santo patrono obiettore di coscienza, utopista e difensore dei migranti lo si ricorda raramente, e si capisce perché. Troppo scomodo. San Tommaso Moro, proclamato patrono dei governanti e dei politici da Giovanni Paolo II, e che la Chiesa festeggia il 22 giugno, è stato un umanista e un capo di governo martire per obiezione di coscienza. Accettò di farsi tagliare la testa piuttosto che venire meno alla propria coscienza. Esagerato, direbbero oggi a sinistra; comunista, direbbero a destra. Non basta. Moro è stato anche l'autore di *Utopia*, l'opera rivoluzionaria dove sono aspramente criticate le ingiustizie della società inglese e dove è immaginata una società alternativa, senza disuguaglianze e senza proprietà privata. Esagerato, direbbero a sinistra. Comunista, direbbero a destra. Non basta ancora. Moro è stato anche, parola di Shakespeare, un protettore degli immigrati. Esagerato e comunista senza dubbio alcuno. Però, questo è il patrono dei politici voluto dal papa, e da quel papa.

Il grande regista Fred Zinnemann (*Mezzogiorno di fuoco*, *Da qui all'eternità*) dedicò a Moro, nel 1966, un film diventato famoso, *Un uomo per tutte le stagioni*, che vinse sei Oscar e che era tratto dall'omonimo dramma di Robert Bolt.

Un uomo, anche noi possiamo dire, per questa stagione in cui le coscienze sono interpellate su cosa sia giusto fare di fronte a leggi disumane che prescrivono di non soccorrere i profughi che rischiano di annegare e che li trattano, anche quando sono a terra, come esseri umani che valgono poco o nulla. La testimonianza di Moro rappresenta, non solo per i cristiani, ha scritto papa Giovanni Paolo II, una «fonte di ispirazione per una politica che si ponga come fine supremo il servizio della persona umana» e la difesa «in nome del primato della coscienza, della libertà della persona nei confronti del potere politico».[75]

Nato a Londra nel 1478, Thomas More, italianizzato in Tommaso Moro, seguì le orme del padre e divenne avvocato, il più brillante della città. Delle sue doti non comuni si avvalsero ben presto la municipalità, la corporazione dei commercianti, il Parlamento, la Corte. Era un uomo immerso nei problemi concreti, grandi e piccoli, di una capitale, ma era anche un filosofo, uno scrittore, un esponente di primo piano dell'umanesimo europeo. Un uomo, fra l'altro, che traboccava ironia finissima, come in *Utopia*, ma anche umorismo popolare, piccante, da osteria, come testimoniano altri suoi scritti e le sue biografie. Gli piaceva raccontare storielle e aneddoti. Era una delle menti più affascinanti del continente, e più complesse, tanto che Erasmo da Rotterdam, il più acuto e impertinente degli umanisti europei e dei riformatori cattolici, ne divenne un grande estimatore e amico, e fu ospite nella sua casa a Londra. Devono aver sghignazzato molto, insieme, ai danni di qualche prelato o professore, oltre che discusso delle traduzioni della Bibbia e progettato riforme ecclesiali e politiche.

Era assiduo alla messa e cantava nel coro, anche quando era diventato un personaggio importante. Era un cristiano di profonda spiritualità, che coltivava la preghiera quotidiana e lo studio della Scrittura e dei Padri della Chiesa, soprattutto Agostino. Una spiritualità che metteva al primo posto l'interiorità rispetto all'esteriorità, l'adesione profonda alle verità di fede più che la loro ostentazione. Per lui la cosa più importante era coltivare la coscienza personale, sviluppare la capacità di prendere in modo giusto le decisioni più difficili, quelle che mettevano in gioco l'anima, senza tener conto dell'opinione degli altri. Perché del proprio operato, diceva, si doveva rispondere prima a Dio e poi agli uomini.

[75] GIOVANNI PAOLO II, Motu Proprio *Per la proclamazione di San Tommaso Moro patrono dei governanti e dei politici (31 ottobre 2000)*, in «Il Regno-Documenti», anno XLV, n. 21, 1 dicembre 2000, pp. 657-658.

A ventisei anni si sposò con la diciassettenne Jane Colt che gli diede 4 figli e che però morì ancora giovane. Si risposò con una vedova, Alice Middleton. Seguì la formazione dei figli, pur tra mille incombenze, e volle che studiassero anche le figlie, cosa allora insolita. La primogenita Margaret fu autrice e traduttrice di altissimo livello, fatto rarissimo per l'epoca, ed è entrata nella storia dell'emancipazione femminile. Moro scrisse una *Vita di Pico della Mirandola*, il geniale umanista italiano vicino a Savonarola, una *Storia di re Riccardo III*, alla quale si ispirò Shakespeare, sul finire del secolo, per comporre il suo dramma sul delirio di potere, e, nel 1516, *Utopia*, la sua opera più celebre, letta in tutto il mondo, anche oggi. Un testo che ha ispirato riformatori e rivoluzionari.

Il re Enrico VIII gli diede incarichi politici sempre più importanti e nel 1529 lo nominò gran Cancelliere d'Inghilterra, capo del governo diremmo oggi. Fu un politico saggio e integerrimo. Ma dovette affrontare la diffusione del luteranesimo, considerato la peste che stava distruggendo l'ordine religioso, ma anche l'ordine sociale, e su incarico del re e della Chiesa lo combatté duramente, sia con voluminosi e aspri libri teologici, costellati anche di insulti e volgarità (tipico delle polemiche del tempo e dello stesso Lutero), sia con la repressione. E alcuni eretici finirono al rogo. È una pagina nera della vita di Moro che in questo fu figlio del suo tempo, mentre in altri ambiti seppe andare oltre il proprio tempo (lo stesso Giovanni Paolo II riconobbe che «per quanto concerne l'azione contro gli eretici, subì i limiti della cultura del suo tempo»).

A dimostrazione che anche i santi sbagliano, e i loro errori non vanno né sottovalutati né tantomeno nascosti, come gran parte della pubblicistica cattolica ha fatto fino a poco tempo fa con Moro sulla questione degli eretici (dal canto suo, quella protestante l'ha spesso demonizzato). Non abbiamo bisogno di «santini» come modelli, ma di uomini e di donne in carne e ossa (nell'*Imitazione di Cristo*, testo che More amava molto, è scritto: «Siamo uomini, nient'altro che fragili uomini, anche se molti ci ritengono e ci dicono angeli»). Esseri umani con le loro debolezze, anche pesanti, però esemplari per alcuni aspetti fondamentali della vita. Un patrono dei politici non può essere un angelo, ma deve essere un modello per alcune dimensioni decisive. E la questione della coscienza di fronte alla legge è sempre una questione decisiva nell'azione politica, perché chiunque fa politica, anche in piccoli contesti, anche con ruoli modesti, prima o poi è chiamato a dover fare delle grandi scelte, tra fedeltà alla coscienza e fedeltà alla legge, tra fedeltà al partito e fedeltà a valori fondamentali, tra obbedienza all'ordine ingiusto e difesa della vita umana.

Il momento arrivò anche per Moro. L'opposizione del papa al divorzio di Enrico VIII, che voleva ripudiare la moglie Caterina d'Aragona che non gli aveva dato figli maschi (ma una bambina, la futura regina Elisabetta), per sposare Anna Boleyn (italianizzato Bolena), portò il re, dopo anni di travagliate consultazioni, a nominarsi capo supremo della Chiesa d'Inghilterra e a sciogliere lui stesso il proprio matrimonio. Moro si dimise da Cancelliere, non poteva accettare che il re si sostituisse al papa, e disertò l'incoronazione della nuova regina. Il re fece approvare dal Parlamento tre leggi, l'Atto di Successione, l'Atto di Supremazia e l'Atto dei Tradimenti, con un preambolo in cui la Chiesa d'Inghilterra scindeva ogni legame con la sede di Roma, e impose ai sudditi il giuramento di obbedienza. Moro si rifiutò. Era un uomo di legge, un uomo di governo, un fedelissimo suddito del re, ma la sua coscienza gli impediva di giurare su una legge che rompeva la fedeltà a Roma.

Eppure tutto il clero e tutti i vescovi d'Inghilterra si piegarono e giurarono, con le eccezioni del grande cardinale John Fisher e di un pugno di monaci certosini. Chi sei tu, gli chiesero gli autorevoli inviati del re, per ritenerti non solo superiore alla legge ma a tutto il resto della Chiesa d'Inghilterra che invece ha giurato? E Moro rispose loro che lui non giudicava quello che facevano gli altri, rispettava le loro decisioni, ma lui in coscienza non poteva giurare. A Dio doveva rispondere del proprio comportamento, non di quello degli altri. Le sue splendide lettere mettono in luce le sue complesse riflessioni su questa drammatica decisione, i suoi dubbi, i suoi tormenti, le sue conclusioni.[76] Finì in prigione, alla Torre di Londra, dove rimase quindici mesi, durante i quali scrisse preghiere, lettere e il *Dialogo del conforto nelle tribolazioni.* Subì il processo, la condanna a morte, la decapitazione, il 6 luglio 1535. Fu ironico anche sul patibolo. La sua testa fu esposta al pubblico ludibrio sul Ponte di Londra per quindici giorni, finché la figlia Margaret andò a recuperarla. È sepolta nella chiesa di St. Dustan's a Canterbury. Il corpo finì in una fossa comune.

Martire della fede e della coscienza, proclamato santo nel 1935. Tra i cattolici antinazisti e antifascisti che si ispirarono a lui ci fu Josef Mayr-Nusser, il giovane dirigente altoatesino dell'Azione Cattolica che nel 1944 fu arruolato nelle SS, ma si rifiutò per ragioni di coscienza di prestare il giuramento a Hitler e morì di stenti sul treno che lo deportava a Dachau.[77]

Nei decenni che seguirono la morte di Moro si accentuò nel Regno d'Inghilterra la persecuzione contro i cattolici. Ma restò vivo nel popolo londinese il ricordo dell'integerrimo avvocato. Al punto che, verso il finire del secolo, un autore di teatro, Anthony Munday, con un passato, fra l'altro, di persecutore dei cattolici, pensò addirittura di dedicargli un dramma e arruolò per questo alcuni scrittori. Allora erano frequenti le opere collettive. Nacque così «The Book of Sir Thomas More», il manoscritto di un dramma subito bocciato dalla censura e per quattro secoli mai rappresentato. Se non, per la prima volta, nel 2005 dalla Royal Shakespeare Company. Composto tra il 1592 e il 1595, presentava in maniera positiva la figura di Moro e per questo il censore lo bloccò. La scrittura di una delle scene era stata affidata al trentenne William Shakespeare. Per questo motivo il *Sir Thomas More* è stato inserito tra le opere di Shakespeare dal grande anglista italiano Giorgio Melchiori.[78]

[76] T. Moro, *Lettere*, a cura di A. Castelli e F. Rognoni, Vita e Pensiero, Milano 2008.

[77] F. Comina, *L'uomo che disse no a Hitler. Josef Mayr-Nusser, un eroe solitario*, con contributi di A. Mayr, E. Masina, P.B. Valente, L. Steurer, Il Margine, Trento 2017.

[78] *Teatro completo di William Shakespeare*, a cura di G. Melchiori, vol. IX, Mondadori, Milano 1991.

La scena scritta da Shakespeare è memorabile. Descrive Moro che a Londra placa una sommossa xenofoba, dove sono presi di mira i *Lombards*, nome che designava gli stranieri, non solo gli italiani, che facevano affari nella capitale. Va ricordato che negli ultimi decenni del '500 i moti xenofobi in Inghilterra furono numerosi. Il filosofo Giordano Bruno nell'opera *La cena delle ceneri*, pubblicata a Londra nel 1584 (quindi a ridosso della stesura del *Sir Thomas More*), parla anche della xenofobia inglese e scrive che bottegai e artigiani londinesi insultano gli stranieri e se reagiscono li aggrediscono, al punto che è pericoloso perfino recarsi dal barbiere.[79]

Siamo all'inizio del dramma. È il primo maggio 1517 e a Londra c'è una rivolta contro i *Lombards* che sta prendendo una piega pericolosa. Qualcuno va a chiamare lo «sceriffo» (che aveva un ruolo di magistratura civile) della città, Tommaso Moro. E questi si rivolge alla folla, che gli chiede di cacciare gli stranieri, con queste parole:

> Ammettiamo che costoro siano allontanati, ed ammettiamo che questo vostro baccano abbia messo a tacere tutta la maestà dell'Inghilterra. Immaginatevi di veder arrancare verso i porti e le coste per imbarcarsi gli sventurati stranieri, coi bambini in collo e il loro misero bagaglio, e che voi v'insediate come sovrani nei vostri desideri. Che cosa avrete ottenuto, con l'autorità ammutolita per il vostro berciare, e con voi impettiti nella gorgiera della vostra presunzione? Ve lo dirò io: avrete mostrato come l'insolenza e la prepotenza posson prevalere, come l'ordine può essere distrutto e, in base a questo precedente e modello non uno di voi giungerebbe alla vecchiaia, poiché altri furfanti spinti dai loro capricci, con identiche mani, identiche ragioni, e identico diritto, vi depredererebbero, e gli uomini, come squali voraci, si divorerebbero l'un l'altro.[80]

[79] Lo ricorda Matteo Sanfilippo, uno dei maggiori storici della nostra emigrazione, all'inizio del suo libro *Faccia da italiano*, dedicato ai pregiudizi anti-italiani e pubblicato da Salerno nel 2011.

[80] *Teatro completo di William Shakespeare*, cit., pp. 510-521.

Il discorso di Moro prosegue e a un certo punto egli ricorda ai rivoltosi che se il re, invece di giustiziarli per la trasgressione, li mandasse in esilio

> è inevitabile che colà diventiate stranieri. Vi farebbe piacere trovare una nazione dall'indole così barbara che, in un'esplosione di odiosa violenza, non volesse concedervi dimora sulla terra, affilasse i suoi detestabili coltelli sulle vostre gole, vi scacciasse come cani, quasi che Dio non vi riconoscesse suoi figli e non v'avesse creati, o che gli elementi non fossero disponibili pel vostro benessere, ma loro esclusivo privilegio? Che cosa pensereste se foste trattati così? Tale è la situazione degli stranieri, e questa è la vostra disumanità da turchi.[81]

La sommossa è placata. Il discorso di Thomas More fu persuasivo, parola di Shakespeare. È persuasivo anche quattro secoli dopo, va meravigliosamente al cuore della questione, e noi italiani ne cogliamo forse più di tutti la verità. Tutto quello che diciamo contro gli stranieri è già stato detto contro di noi. È una verità chiara, che dovrebbe indurci a bandire una volta per sempre la xenofobia dai nostri comportamenti. È vero, questo discorso è una creazione di Shakespeare, ma il suo Moro non è lontano da quello della storia.

John Guy, eccellente storico britannico dell'età dei Tudor, ha dedicato diversi libri a Moro, i migliori in circolazione (purtroppo nessuno tradotto in italiano). L'ultimo è una sintetica biografia, *Thomas More. A very brief history*, che è stata pubblicata dalla Society from Promoting Christian Knowledge (Spck), la più antica organizzazione missionaria anglicana. Si conclude con questo giudizio sul grande umanista e politico cattolico: «Quali sono le lezioni della carriera politica di Moro? Abbastanza semplicemente, il suo modello è l'esatto opposto dell'"inferno i tuoi principi, segui il tuo partito", di Disraeli, la massima che ingloba il sistema politico in quasi tutte le attuali democrazie. Egli fu il

[81] *Ivi*, pp. 523-525.

primo politico nella storia britannica a fare dei principi etici la ragione d'essere di una carriera pubblica, senza riguardo alla sua personale sicurezza».[82]

Giugno 2019

[82] J. Guy, *Thomas More. A very brief history*, Spck, London 2019. Tra le biografie in italiano: W. Roper, *Vita di Sir Thomas More*, prefazione di G. Faro, Fontana di Trevi, Roma 2014 (la più antica, scritta dal genero, marito di Margaret) e P. Ackroyd, *Thomas More*, traduzione di Luca Cafiero, Frassinelli, [Milano] 2001.

STRAZIO E SALVEZZA SULLA FRONTIERA MESSICANA

Óscar Alberto Martinez Ramírez aveva 25 anni, la sua figlioletta Valeria 23 mesi. Provenivano dal Salvador. Il 23 giugno 2019 avevano cercato di attraversare il Rio Grande, che segna il confine tra il Messico e gli Stati Uniti, ma la corrente li aveva trascinati via, uccidendoli, e poi li aveva deposti in un canneto vicino alla riva. Sono stati ritrovati il giorno dopo, riversi, abbracciati, la bimba infilata nella maglietta del papà, come in una cintura di sicurezza, il piccolo braccio intorno alla sua spalla. Sul luogo è arrivata sconvolta la moglie di Óscar, Tania Vanessa Ávalos, di 21 anni, che dal giorno prima vagava disperata in cerca della sua bimba e di suo marito. Lui aveva deciso di rischiare di attraversare il fiume con la piccola, per poi tornare indietro a prendere la moglie. Ma lei non l'aveva più visto.

La giornalista messicana Julia Le Duc ha scattato delle foto e l'immagine straziante del padre e della bimba riversi e abbracciati ha fatto il giro del mondo, ha sconvolto, commosso, posto anche molti interrogativi. Dopo le immagini del corpicino del piccolo siriano Alan Kurdi, morto in un naufragio il 2 settembre del 2015, e lasciato dalle onde riverso su una spiaggia della Turchia, ci si chiede: ma queste immagini che ci sconvolgono, producono dei cambiamenti nei nostri comportamenti? Altrimenti, perché mostrarle? Non sarebbe uno speculare sulla morte dei bambini, che sempre emoziona, ma per dimenticare il giorno dopo perché sono morti? Se sono morti a causa di confini diventati muri impenetrabili, se sono le vittime più innocenti delle feroci politiche migratorie dei Paesi ricchi verso i migranti, che senso hanno le nostre lacrime se poi non cambiamo queste politiche migratorie disumane? Se il cuore delle persone torna di ghiaccio?

L'immagine del povero Alan Kurdi scosse profondamente l'Europa e provocò immediati cambiamenti nelle politiche migratorie. Tre giorni dopo, il 5 settembre, la Germania di Angela Merkel (ma anche l'Austria) apriva le porte alle migliaia di profughi ammassati ai suoi confini in territorio ungherese e li accoglieva addirittura festosamente. I tedeschi portavano generi di conforto, giocattoli, vestiti a quell'umanità fuggiasca e reietta. Da quelle caotiche stazioni ferroviarie, come a Monaco di Baviera, dove ricchi tedeschi di ogni età si abbracciavano con poveri profughi di ogni età, di ogni lingua e di ogni Paese, si alzarono verso il cielo, come in una visione del profeta Isaia, le parole di fraternità e le note potenti dell'Inno alla gioia di Beethoven. Il giorno dopo, la domenica 6 settembre, papa Francesco all'Angelus lanciava un appello a tutte le parrocchie d'Europa perché ciascuna accogliesse una famiglia di profughi. Era accaduto che l'immagine tenerissima e scioccante del corpicino di Alan aveva zittito l'ostilità dei popoli e dato l'occasione ad essi per uno scatto di generosità altrimenti improponibile. Ma già, pochi mesi dopo, nel 2016, le politiche europee prendevano la strada della progressiva chiusura delle frontiere, fino a farle diventare pressoché impenetrabili, se non a rischio più che mai della vita per chi provava ad attraversarle.

L'immagine della piccola Valeria e del suo papà resterà un documento orrendo della speranza spezzata di due esseri umani che come altre migliaia in questi anni feroci si sono schiantati contro i muri eretti dall'egoismo dei benestanti. Ma cambierà ben poco nelle politiche migratorie, soprattutto degli Stati Uniti, da anni impegnati in un impressionante sforzo finanziario, militare, legislativo per sigillare i tremila chilometri di frontiera col Messico, di cui duemila segnati dal Rio Grande (o Rio Bravo). Nel 2018 sono morte ben 283 persone cercando di attraversare il confine, travolte dalla corrente del fiume, uccise nei deserti dal sole e dalla sete, uccise dagli uomini.

Il presidente degli Stati Uniti, Donald Trump, ha fatto del completamento della costruzione del «Muro della vergogna» con il Messico il fulcro della sua campagna elettorale vincente nel 2016. Ma aveva cominciato il presidente democratico Bill Clinton ad adottare le prime drastiche misure restrittive nel 1993 e nel 1994, e i respingimenti toccarono il loro massimo nel 2000, con 1,8 milioni, come ricorda lo studioso di geopolitica Manlio Graziano.[83] Fu poi il repubblicano George Bush ad avviare la costruzione del Muro della vergogna e sotto la sua presidenza ne furono innalzati ben 1.030 chilometri. I costi eccessivi portarono a una sospensione della realizzazione dell'opera.

Con la successiva amministrazione del democratico Barack Obama (2009-2017) la costruzione del Muro fu interrotta, ma le espulsioni di migranti furono moltissime, 438.000 nel solo 2013. Obama continuò la politica di Clinton ed eresse contro i migranti il muro delle espulsioni. O deportazioni, come più giustamente vengono chiamate. Furono durissime le critiche contro questa sua politica da parte di tante organizzazioni impegnate sul fronte dei diritti civili e umani, ma anche da parte di tanti esponenti delle Chiese, del mondo della cultura e della politica progressista. I democratici, oggi, con la coraggiosa e instancabile Nancy Pelosi in primo piano, si battono contro le barbare politiche migratorie di Trump (completamento del Muro, crudeli separazioni dei minori migranti dai loro genitori e loro detenzione in centri disumani), ma i presidenti democratici hanno spesso predicato bene e razzolato male.

La realtà, ricorda Graziano, è che da anni le espulsioni, o deportazioni, di migranti dagli Stati Uniti sono di gran lunga superiori agli ingressi. Per questo il completamento del folle Muro della vergogna è più che altro una operazione propagandistica.

Le carovane di migranti che si dirigono verso gli Stati Uniti, sperando di ottenere un visto d'ingresso alla frontiera messicana (perché comunque gli americani hanno un gran bisogno di manodopera), o cercando di attraversarla illegalmente, sono formate da migranti provenienti per il 40% dall'Honduras, per un altro 40% dal Guatemala, per poco più del 10% dal Salvador e per il restante 10% da altri Paesi.[84]

Il Salvador, il piccolo Paese di papà Oscar e della piccola Vale-

[83] M. Graziano, *Frontiere*, Il Mulino, Bologna 2017, pp. 158-160.
[84] L. Capuzzi, *E il sogno dei migranti latinos ora resta in Sudamerica*, in «Avvenire», 3 luglio 2018.

ria, il Paese del santo vescovo Oscar Romero martire per la giustizia, è tormentato dalla violenza della criminalità che ha raggiunto livelli impressionanti. La capitale San Salvador deteneva fino a pochi anni fa il triste primato di città più violenta del mondo, con un omicidio ogni ora (superata ora da Caracas, capitale del Venezuela, e da San Pedro Sula, in Honduras). Chi può se ne va, la vita è diventata un inferno per i salvadoregni, ricattati dalle gang che divorano i loro stipendi, pestati e uccisi se non pagano, i bambini e i giovani catturati nelle reti del guadagno facile e mortale del traffico e dello spaccio di droga.

È la drammatica situazione di molti Paesi dell'America Latina. Una piaga devastante di cui le cifre ci fanno comprendere le dimensioni. Secondo un rapporto delle Nazioni Unite, l'America centrale è il posto più pericoloso al mondo, con un tasso di omicidi di 62,1 ogni 100 mila persone, mentre la media mondiale è di 6,1 (quindi dieci volte meno).[85] Quaranta delle cinquanta città più violente al mondo sono in America Latina. Nel violentissimo Messico ci sono stati nel 2017 ben 25.339 omicidi. E in Brasile, con i suoi 210 milioni di abitanti, si sono contati in quindici anni, tra il 2001 e il 2015, 786.870 omicidi, «più morti che in Siria e in Iraq».[86] Accanto al flusso migratorio di honduregni, guatemaltechi e salvadoregni diretto verso gli Stati Uniti, c'è un secondo flusso migratorio diventato imponente in questi ultimi anni, quello che parte dal Venezuela, Paese portato al fallimento da un regime politico disastroso. 4 milioni di venezuelani se ne sono andati finora, accolti soprattutto in Colombia, che ne ospita 2 milioni, in Perù e in Ecuador, grazie alla disponibilità dei governi, anche se i fenomeni di xenofobia non mancano. Infine, come ricorda Lucia Capuzzi, c'è un terzo flusso migratorio, quello diretto in Cile, che è rappresentato da migranti provenienti per lo più da Haiti, piccolo e povero Paese, distrutto nel 2010 da uno dei terremoti più devastanti che si ricordino e poi colpito da

[85] *Onu, la criminalità uccide più delle guerre*, in «Avvenire», 9 luglio 2019.

[86] D. Mastrogiacomo, *In quindici anni più omicidi in Brasile che in Siria e Iraq*, in «la Repubblica», 13 dicembre 2017.

violentissimi uragani.

In questo drammatico contesto, la protezione e l'accoglienza dei migranti sono diventate un campo d'impegno decisivo per la Chiesa in America Latina, ma anche negli Stati Uniti. Un impegno che divide, come ovunque, sia i vescovi sia i fedeli. Tra le storie di accoglienza, quella del messicano padre Alejandro Solalinde, dell'ordine dei carmelitani scalzi, è sicuramente speciale. Abbiamo avuto la fortuna di ascoltarlo e di conoscerlo in occasione della presentazione a Bolzano, il 9 maggio del 2017, per iniziativa del Centro Pace diretto da Francesco Comina, del libro dove racconta, con la collaborazione di Lucia Capuzzi, la sua storia di difensore dei migranti.[87] Lo ricordiamo mite, fermo, sereno, profondamente ispirato dal Vangelo. Padre Solalinde, pur nato in una famiglia povera, era stato un prete «borghese», un signore con tre lauree che ci teneva a mostrare agli altri che adesso viveva bene. Poi la «conversione» alla causa degli esseri umani più indifesi: «La mia storia di uomo e di sacerdote è un lungo "corpo a corpo" con Dio per scoprirlo e scoprirmi». Nel 2007 fonda a Ixtepec, una città dello Stato messicano di Oaxaca, Hermanos en el Camino, un centro che aiuta e protegge i migranti diretti verso gli Stati Uniti. Che li protegge, in primo luogo, perché troppi di loro vengono catturati dai criminali della droga che poi chiedono alle famiglie un riscatto per liberarli. Li torturano, li violentano, li uccidono se non ne vedono una possibile fonte di guadagno, li vendono ad altre bande che operano nel mercato della prostituzione e del traffico di organi (come accade a tanti migranti africani in Libia). I livelli di violenza criminale in Messico sono altissimi proprio per questo, perché la violenza è una delle industrie più redditizie e che imperversa grazie ad ampie connivenze e corresponsabilità, a tutti i livelli. Gli scomparsi sono migliaia ogni anno.

Nel centro di accoglienza di padre Solalinde i migranti ricevono gratuitamente cibo, vestiti, scarpe, un letto, aiuto nelle pra-

[87] A. Solalinde con L. Capuzzi, *I narcos mi vogliono morto. Messico, un prete contro i trafficanti di uomini*, prefazione di don L. Ciotti, Emi, Bologna 2017.

tiche burocratiche. Gli aiuti finanziari arrivano da tante persone e da Ong straniere. Ogni tanto padre Solalinde viene in Europa a raccogliere fondi. Il suo è il più noto della sessantina di rifugi per migranti creati in Messico da sacerdoti, religiosi, attivisti laici. Ventimila migranti ogni anno passano per la casa di accoglienza e di protezione di padre Solalinde che per questa sua attività è continuamente minacciato di morte dai narcos, i trafficanti di droga. Padre Solalinde non si limita ad aiutare i migranti, ma denuncia anche le complicità di pezzi di istituzioni e di polizia coi narcos, perché la corruzione è altissima. Per questo il suo impegno è ancor più pericoloso e rischioso. Ma non demorde, continua imperterrito la sua battaglia in nome del Vangelo, del Dio della vita che, dice, ci chiama a costruire un mondo diverso da quello dominato dall'idolatria del denaro e dalle false sicurezze, fatte di chiusura, di paura dell'altro, di immobilismo, di egoismo:

> I migranti sono un segno dei tempi. Sono vittime del neoliberismo selvaggio che ha divorato il loro Paese d'origine e li ha costretti a lasciarlo. In questo senso, sono testimoni di un mondo in disfacimento, ne portano le ferite nella loro carne. Al contempo, però, i migranti sono i pionieri del futuro. Anticipano, con la loro ostinata resistenza, la possibilità di una nuova società. Perché? Perché hanno il coraggio di rischiare. Il loro viaggiare, invincibile e dolente, rammenta a noi, ormai accomodati e aggrappati alle nostre certezze, che siamo tutti pellegrini. Tutti siamo migranti.[88]

25 Giugno 2019

[88] *Ivi*, p. 160.

I VALORI IRRINUNCIABILI DI WALTER LÜBCKE

Erano i giorni della «grande accoglienza». La Germania aveva aperto le porte ai profughi e il Paese era tutto un febbrile cantiere per allestire centri di accoglienza. Gli amministratori locali promuovevano incontri pubblici, come del resto in Italia, per spiegare ai cittadini cosa intendevano fare e confrontarsi con loro. Walter Lübcke, esponente della Cdu, l'Unione cristiano democratica, il partito di centro di Angela Merkel, in qualità di presidente del Comprensorio amministrativo di Kassel, città dell'Assia settentrionale, aveva promosso numerose serate informative, molto partecipate.

Quella sera del 15 ottobre 2015 a Lohfelden, borgata di 14 mila abitanti, c'erano in sala 800 persone ad ascoltarlo. Lübcke, proiettando anche delle belle immagini, disse che era orgoglioso dei tanti volontari che stavano dando una mano nell'allestire il locale centro di accoglienza. I giovani delle scuole, insieme agli artigiani, montavano decine e decine di letti in legno, approntavano bagni e cucine. Altri volontari, di ogni età, collaboravano nelle traduzioni, nell'accoglienza dei bambini e delle famiglie, nelle attività di formazione e sportive. C'erano da accogliere parecchie centinaia di profughi siriani, afgani, albanesi e di altre quaranta nazionalità. I cittadini, disse, Lübcke, stanno mostrando con la loro attiva partecipazione quali sono i veri valori della nostra comunità. Tra il pubblico erano presenti anche diversi aderenti di «Pegida» («Patrioti europei contro l'islamizzazione dell'Occidente»), un movimento di estrema destra vicino ai neo-nazisti, che lo contestarono rumorosamente. Al che Lübcke reagì prontamente e, rivolgendosi ai tedeschi, disse, rovesciando contro gli xenofobi un loro luogo comune: «È vantaggioso per tutti noi vivere in un Paese come il nostro, e qui si devono accettare i nostri valori [di accoglienza, di solidarietà, di rispetto dello straniero], e chi non condivide questi valori può lasciare in ogni momento questo Paese, e questa è la libertà di ogni tedesco».[89]

Il giorno dopo partì una violentissima campagna su Internet contro di lui organizzata dagli estremisti di destra. False notizie, insulti, minacce di morte: «Non avrai vita lunga». Lui dichiarò con serena fermezza: «Io mi sono sempre ispirato nella mia attività ai valori cristiani della responsabilità e dell'aiuto alle persone più bisognose». Fu messo sotto protezione dalla polizia. Nel febbraio di quest'anno, esponenti di primo piano dell'Afd (Alternative für Deutschland), partito di estrema destra, razzista, antieuropeo, vicino ai neonazisti, parteciparono su Facebook a questa campagna violentissima contro Lübcke. E Jörg Meuthen, uno dei due capi di Afd, era a Milano il 18 maggio accanto a Matteo Salvini nel comizio per le elezioni europee. I moderati italiani che votano Lega, e tante buone anime cattoliche, sanno chi stanno sostenendo col loro voto?

Il 3 giugno, poco prima delle una di notte, Walter Lübcke viene assassinato sul terrazzo della sua casa di Istha, nei pressi di Kassel, con un colpo di pistola alla testa. Ha 66 anni, lascia la moglie e due figli. Il delitto suscita enorme impressione, ma ci vorranno più di tre settimane per individuare il colpevole. Il 13 giugno migliaia di cittadini partecipano ai funerali nella chiesa evangelica di San Martino, a Kassel. In quella occasione il vescovo protestante della città, Martin Hein, ricorda l'ispirazione cristiana dell'impegno di Lübcke e ribadisce: «Chi calpesta la dignità delle persone, con le parole o con la violenza, si pone al fuori della comunità democratica, senza se e senza ma». Il 26 giugno Stephan Ernst, 45 anni, estremista di destra, arrestato dieci giorni prima, confessa di essere il responsabile dell'assassinio. Dichiara di aver ucciso Lübcke per la sua politica di accoglienza dei profughi e per il suo discorso dell'ottobre 2015. La campagna di insulti e minacce di morte aveva raggiunto l'obiettivo. Troppe sottovalutazioni, troppe minacce lasciate girare per anni senza che fossero rimosse da Internet. Certo, la Germania

[89] Cfr. https: //de.wikipedia.org dove si può trovare sulla vicenda Lübcke una ricchissima documentazione (in lingua tedesca).

reagisce sempre e prontamente con grandi manifestazioni ai rigurgiti razzisti, xenofobi e neonazisti. La stampa e la televisione, da questo punto di vista, sono molto più attente e schierate di quanto non lo siano la stampa e la televisione italiana (spesso ripugnanti, di questi tempi). Ma troppi settori della politica non vogliono ammettere che si è superata la soglia della tolleranza e non se la sentono di sottoscrivere le parole del vescovo Hein al funerale di Lübcke: «Chi calpesta la dignità delle persone con le parole o con la violenza si pone al fuori della comunità democratica, senza se e senza ma». Comunque, in molti ambienti politici si preferiva pensare a un caso isolato. La Germania ha però dovuto fare i conti, seppur riluttante, con una realtà più pesante: il nuovo terrorismo di estrema destra che colpisce a morte un avversario politico.[90] Terrorismo politico organizzato. Non assassinio isolato. Cellule neonaziste si erano già rese responsabili di diversi omicidi a sfondo xenofobo,[91] ma, ad eccezione dell'attentato del 2015, per fortuna non mortale, a Henriette Reker, candidata sindaco a Colonia,[92] non c'erano stati casi di omicidio di un politico.

A Kassel, il giorno dopo la confessione dell'omicida, 10 mila persone sono scese in piazza e, nel ricordo di Lübcke, hanno dato vita, con il motto «Insieme siamo forti», a una colorata manifestazione in nome della Germania che accoglie, che non ha paura della diversità tra le culture, ma che la considera una ricchezza, che non cederà mai al razzismo e all'odio, che respingerà senza se e senza ma ogni rigurgito neonazista, che crede e pratica la solidarietà tra le persone e i popoli. È forte questa Germania dal volto umano. Ma è sempre più forte anche il terrorismo nero

[90] Per il filosofo tedesco Julian Nida-Ruemelin, già ministro della Cultura, in un'intervista di Francesca Sforza pubblicata su «La Stampa» il 27 giugno 2019, «le autorità non hanno voluto rendersi conto che avevano a che fare con un'organizzazione terroristica di marca neonazista in piena regola».

[91] Tra il 2000 e il 2007 la cellula «Nazionalsocialisti clandestini» (Nsu) si è resa responsabile di ben 11 omicidi di immigrati. Cfr. W. Rauhe, *Caso Lübcke, altri due arresti. Seehofer: allarme estremismo*, in «La Stampa», 28 giugno 2019.

[92] Cfr. *supra*, p. 67.

che prospera in Europa sul terreno concimato dalla xenofobia e dal razzismo dei populismi, che prospera anche grazie ai silenzi di troppi moderati e di troppi cattolici. Walter Lübcke, Jo Cox, Pawel Adamowicz, vittime del nuovo terrorismo internazionale, sono i nuovi martiri dell'accoglienza in questi anni feroci del terzo millennio.

Giugno 2019

UN INCONTRO, UN SORRISO, UN AIUTO

Quelle che seguono sono alcune delle 170 brevi testimonianze raccolte tra i frequentanti i Corsi per adulti e stranieri dell'Istituto d'istruzione superiore Don Milani di Rovereto e pubblicate nel numero di giugno 2019 del periodico della scuola «Noi altri», curato dai corsisti e insegnanti del Centro Territoriale Permanente con il coordinamento di Stefano Giordano. Testimonianze di Un incontro, un sorriso, un aiuto, *come recita il titolo della pubblicazione. E testimonianze dello splendido lavoro che fa questa scuola, simbolo di tante scuole del nostro Paese impegnate sulla frontiera dell'inclusione.*

«Il mio nome in arabo significa "cara". Vivevo in Marocco in un paesino dove tutti si conoscono e ci si parla da una casa all'altra. Un giorno del 2003 mi sono trasferita in Italia dove ho conosciuto mio marito e ho costruito la mia famiglia. Infatti qui sono nati i miei figli. Siamo venuti a vivere in un piccolo paesino sulle montagne del Trentino. Un giorno mio marito ci ha lasciato e io sono rimasta sola con i piccoli. Non lavoravo, non sapevo come andare avanti e faceva freddo. Un giorno bussa alla mia porta un anziano del paese. Spingeva una carriola piena di legna e me l'ha scaricata davanti alla porta dicendo: "Ho visto che dal suo camino non esce il fumo e ho pensato che lei e i suoi bambini siete al freddo". Da quel giorno, ogni settimana, trovavo davanti alla mia porta un mucchietto di legna. Quella legna non ha scaldato solo la mia piccola casa, ma anche il mio cuore.»

Aziza, Marocco

«Sono arrivato nel 2007 a Napoli, ero solo e non parlavo l'italiano. Ho conosciuto Raffaele, un italiano che mi ha aiutato tanto: mi ha accompagnato negli uffici per fare i documenti, mi ha aiutato a trovare lavoro e una casa, la domenica mi telefonava per invitarmi a casa sua per mangiare con la sua famiglia, mi regalava vestiti, mi dava i soldi per telefonare a mia moglie e ai miei figli. Un giorno suo figlio è venuto a casa mia per dirmi che suo padre Raffaele era morto. Non so dire quanta tristezza ho provato… ho lasciato Napoli e sono venuto a Rovereto dove abito con la mia famiglia, ma non dimenticherò mai il mio amico Raffaele.»

Ruggero, Burkina

«Al campo di Marco ho fatto il volontario in mensa e ho incontrato un operatore. Abbiamo chiacchierato e da lì lui mi ha invitato a casa sua per presentarmi alla sua famiglia. Loro hanno deciso di aiutarmi, mi aspettano a casa con loro. Io sono molto felice perché ho ritrovato il sorriso. Io ringrazio tanto questa famiglia.»

Adama, Costa d'Avorio

«Il primo incontro è una mano che mi stringe e mi salva. Mi aiuta a salire sulla barca, mi danno acqua, cibo, vestiti.»

Malang, Senegal

«Sono in Italia da pochi anni. Sto imparando la lingua italiana. Questa lingua è difficile da imparare, ma sono riuscito a impararla da solo. Una ragazza italiana mi sta dando una mano: lei mi dà lezioni gratis tre volte a settimana, lunedì, mercoledì e sabato. È un gesto d'amicizia. In questi tre giorni m'insegna grammatica e leggiamo dei testi. Io sto imparando l'italiano velocemente. Sono fiero di me stesso e devo ringraziare tanto la ragazza per il suo aiuto. Adesso posso fare conversazione in italiano senza sbagliare e posso andare al mercato da solo.»

Tony, Libano

«Io ho conosciuto lei quando volevo iscrivermi al corso di italiano. Lei è un'insegnante di italiano del Don Milani. Io vedo lei come una seconda mamma per tutti noi. Ci aiuta nei momenti difficili e ci dà un consiglio per andare avanti per superare tutti i problemi. Ho conosciuto una persona stupenda e dolce. Lei mette la sua anima nel suo lavoro.»

Yulia, Ucraina

«Sono arrivato in Italia su un barcone, con tante difficoltà e sono stato per un po' al campo di Marco dove ho fatto amicizia con un fratello della Costa d'Avorio. Il signor G. veniva spesso a farci visita e un giorno ci ha offerto la sua casa: lui e sua moglie ci hanno dato vitto, alloggio e tanto di più! Il mio amico ivoriano lavora in un rifugio e io faccio lavori di vario tipo a chiamata. G. e la moglie sono in pensione, con loro parlo sempre italiano e la maestra dice che parlo molto bene per essere qui solo da due anni. Per me queste due persone meravigliose sono come una mamma e un papà!»

Ibrahim, Niger

«Sono afgana e sono in Italia da cinque anni. La mia amica italiana mi ha aiutata tanto ad imparare l'italiano, è molto cara e spesso lei regala al mio bambino qualche giocattolo.»

Shahgol, Afghanistan

«Sono arrivato in Italia e ho incontrato una persona molto gentile e buona. Mi ha aiutato a gestire il dolore e affrontare la vita.»

Kabize, Niger

Giugno 2019

SEA WATCH E IRAN

Sea Watch e Iran sono due facce della stessa medaglia. La cinica e fallimentare politica degli americani e degli europei in Medio Oriente e in Libia, di cui lo scontro con l'Iran è l'ultimo capitolo, è la causa principale dell'ondata di profughi che gli europei non vogliono più accogliere. Con le sue guerre disastrose l'Occidente crea i profughi che poi respinge. Che rifiuta di soccorrere, che lascia morire in mare, lungo le rotte dei deserti, nei centri di detenzione libici, negli immensi campi profughi. Che rifiuta di far sbarcare dalle navi che ancora li soccorrono, come sta facendo il governo italiano nella vergognosa vicenda della nave Sea Watch.

Il presidente degli Stati Uniti Trump ha stracciato l'accordo sul nucleare con l'Iran, il quale lo stava rispettando, come l'Onu ha dimostrato, e con minacce di guerra vuole mettere in ginocchio un Paese che ovviamente non sta a guardare. L'Iran è il grande avversario del primo alleato degli americani e degli europei nel Vicino Oriente, l'Arabia Saudita. Paese non certo più rispettoso dei diritti umani dell'Iran (nell'assassinio dello scomodo giornalista Khashoggi è implicato il principe ereditario saudita), non certo meno coinvolto nel sostegno al terrorismo internazionale. Quasi tutti gli attentatori alle Torri Gemelle di New York erano sauditi. Però i sauditi sono clienti privilegiati, nel vendere e nel comprare, dell'Occidente che di fronte ai soldi non esita a buttare valori e diritti umani nel cestino.

La politica occidentale nel Vicino Oriente, ma anche in Libia, anche in Egitto (povero Regeni, non avrai mai giustizia, ma continueremo a chiederla), è semplicemente una cloaca. Una cloaca lugubre e fallimentare. Per dire solo dell'Afghanistan, in 18 anni di guerra ci sono stati almeno 120.000 morti tra gli afgani (per altri osservatori sono molti di più), di cui 30.000 civili, tra i quali moltissimi bambini; sono morti 3.500 soldati della Nato, di cui

54 italiani, e 300 cooperanti. E poi 2 milioni e 700 mila profughi afgani vivono ora nel Vicino Oriente o in Europa, altri 2 milioni e 400 mila sono gli sfollati rimasti in Afghanistan. La guerra è costata 1000 miliardi di dollari, di cui 10 miliardi degli italiani. Una guerra fallimentare, voluta con arroganza dal presidente americano di allora, George Bush. Metà del territorio è in mano ai Talebani e si sono aperti i colloqui tra le parti in conflitto per cercare un accordo di pace, mentre gli occidentali cercano di andarsene il prima possibile. Ecco dove finiscono i cinici che si spacciano per realisti.[93]

Il ministro Salvini, che si spaccia per realista ed è solo cinico, va a genuflettersi di fronte a Trump, pronto alla nuova guerra con l'Iran. Avrebbe dovuto dirgli: ne abbiamo avuto abbastanza dell'Afghanistan, dell'Iraq, della Libia, della Siria. Basta, finiamola con queste guerre. Invece va a genuflettersi di fronte a chi straccia il diritto internazionale. E poi si aggrappa al diritto (al diritto!) per bloccare sulla nave Sea Watch 42 infelici fuggiti dai lager libici. Nell'indifferenza del popolo italiano, sempre più cieco e servile.

Li rimandiamo nei lager libici quei poveri esseri umani della Sea Watch? Il 21 giugno scorso Medici Senza Frontiere ha diffuso un drammatico rapporto sulla situazione sanitaria in due centri di detenzione libici governativi per migranti che ha potuto visitare, Zintan e Gharayan, situati a sud di Tripoli. A Zintan 700 profughi erano ammassati da mesi in un capannone con quattro servizi igienici a mala pena funzionanti, nessuna doccia, scarso accesso all'acqua potabile. Negli ultimi 9 mesi almeno 22 profughi sono morti di malattie. Tutti ragazzi, dimenticati dal mondo. Ma noi finanziamo il cosiddetto governo libico perché li tenga in quelle disumane condizioni. È questo il nostro «dirit-

[93] Cfr. A. Negri, *Dal M5S alla Siria, gli intellettuali italiani non ne azzeccano una*, in «The Post Internazionale», giornale online, 13 febbraio 2019; G. Di Feo, *La grande fuga Usa (e della Nato): l'Afghanistan torna all'anno zero*, in «la Repubblica», 3 gennaio 2019; P. Mieli, *La triste lezione di Kabul*, in «Corriere della sera», 30 gennaio 2019; F. Scaglione, *Se Kabul torna nella notte. Occidente e taleban, 18 anni dopo*, in «Avvenire», 30 gennaio 2019.

to»? Di questi lager governativi ce ne sono tanti in Libia e poi ci sono tanti lager non governativi, allestiti dai vari gruppi armati che pullulano nel Paese e che sono in combutta con le autorità politiche e militari. I migranti, tramite i loro familiari, sono costretti a pagare pesanti riscatti (anche sei, sette mila dollari) per uscire. Chi non paga viene torturato, in molti casi ucciso o venduto come schiavo. E si muore di stenti e di malattie. Grandi trafficanti di profughi sono dentro la Guardia costiera libica, come è stato dimostrato dall'Onu, che è finanziata dall'Italia e dall'Europa. L'Onu ha più volte dichiarato nei suoi rapporti che le autorità libiche hanno fatto poco o nulla sul fronte del rispetto dei diritti umani dei migranti o sono corresponsabili della loro sistematica violazione. Le stesse Nazioni Unite hanno ribadito che gli europei non devono fare nessun accordo con le autorità libiche che non preveda il rispetto dei diritti umani e tutte le misure per verificare che ciò effettivamente avvenga. Ma alla nostra politica importa qualcosa dei diritti umani?

«Trentino», 27 giugno 2019

L'ITALIA, LA VERGOGNA E L'ONORE

Mi vergogno del mio Paese che arresta chi ha salvato dei naufraghi. Il giorno dell'arresto di Carola Rackete è stato un giorno sciagurato della nostra storia. Un giorno di una tristezza infinita che non avremmo mai voluto vedere.

Mi vergogno del mio Paese che vuole mandare in galera Carola Rackete, comandante della nave Sea Watch che ha salvato 52 naufraghi, e manda al governo un partito come la Lega Nord che ha truffato lo Stato per 49 milioni di euro e non li restituisce.

Mi vergogno del mio Paese che usa la legge per colpire i giusti e calpesta la legge quando deve colpire i potenti.

Mi vergogno del mio Paese che è stato la culla dell'Umanesimo e ha fatto una legge che considera un reato salvare delle vite umane.

Mi vergogno del mio Paese che finanzia gli aguzzini dei lager libici dove migliaia di essere umani sono imprigionati, ricattati, torturati e muoiono di stenti, di malattie, di violenze.

Mi vergogno del mio Paese che ha dimenticato la sua storia di emigrazione, i milioni di italiani migranti in tutto il mondo, che hanno chiesto ad altri di esseri accolti, che hanno percorso i mari e hanno trovato dei porti aperti, che hanno subito naufragi e che sono stati salvati, ma che sono anche annegati o morti di malattie e di stenti nei lunghi e pericolosi viaggi, che hanno subito l'emarginazione da parte dei razzisti, che hanno resistito e fatto grandi i Paesi dove sono stati accolti. Mi vergogno del mio Paese che dimentica cosa vuol dire essere emigrante.

Mi onoro del mio Paese che ha una Guardia costiera che ha salvato migliaia di migranti e che la politica ha poi costretto ad arrendersi e a ritirarsi nella battaglia per la vita di tanti infelici.

Mi onoro del mio Paese che ha tanti volontari, sindaci, amministratori locali, tanti uomini e donne che continuano ad aiutare i migranti e i poveri e che non si sono piegati alla disumanità dominante.

Mi onoro del mio Paese che ha un presidente come Sergio Mattarella che difende i valori umani e civili della nostra Costituzione calpestati da una classe politica indecente.

Mi onoro del mio Paese che ospita un papa come Francesco che non si stanca di dare voce ogni giorno agli umiliati e offesi e a dare speranza ai credenti e ai non credenti che in tempi di barbarie continuano a credere nella giustizia e nella fraternità.

«Trentino», 4 luglio 2019

PRIMO LEVI E LE MEZZE COSCIENZE

Era il febbraio del 1944 quando Primo Levi attraversava il confine del Brennero in un sigillato treno merci partito da Fossoli e diretto ad Auschwitz. Era l'ottobre del 1945 quando varcava quel confine all'incontrario. «Di seicentocinquanta, quanti eravamo partiti, ritornavamo in tre», scrisse.[94] In quei venti mesi visse l'inferno del Lager e l'odissea del ritorno. Era un chimico. Divenne un testimone dell'orrore visto e subito, e un grande scrittore. I suoi libri sono semplicemente indispensabili, come si può dire di pochi. Anche perché sono scritti in un italiano preciso, chiaro, essenziale, ricco. Classico. Se a qualcosa servono gli anniversari, e il 31 luglio ricorre il centesimo della nascita di Levi, è che talvolta, possono mettere in mano a qualcuno dei grandi libri che non conosceva o aveva dimenticato.

Noi abbiamo relegato i libri di Primo Levi tra quelli scolastici. Ma Levi lo devono leggere gli adulti, non solo i giovani. Soprattutto gli adulti. Sono loro che hanno dimenticato e devono ricordare. Loro che oggi non provano più orrore di fronte al ritorno di movimenti nazisti e fascisti. Loro che voltano le spalle di fronte ai crimini che si compiono adesso, come nei centri di detenzione per migranti in Libia. Che accettano che tanti esseri umani siano trattati come cose, come fa il potere dominante con i profughi. Un potere che traccia linee di demarcazione tra gli esseri umani che valgono e quelli che non valgono.

Nel libro *I sommersi e i salvati*, Levi parla della zona grigia che sta tra il male e il bene, tra i carnefici e le vittime, ed è occupata da coloro che «non vedono, non ascoltano, non fanno». Ma collaborano con il potere, in tanti modi, anche solo col silenzio. I cittadini tedeschi, scrive, «quasi tutti, ma non tutti, erano stati sordi, ciechi e muti». «Aver mancato alla solidarietà uma-

[94] P. Levi, *La tregua*, Einaudi, Torino 2019, p. 199.

na», questa la colpa di tante persone. «Le persone grigie, dentro e fuori il Lager». Siamo tutti attratti, ci ricorda Levi, in questa zona grigia della sopravvivenza, diventando delle «mezze coscienze».[95]

Con *I sommersi e i salvati*, almeno altri due suoi libri dobbiamo leggere. Il primo è *Se questo è un uomo*, che racconta la vita e la morte ad Auschwitz, ma è un libro sulla vita umana in quanto tale. Uno di quei libri che ce la rivelano come pochi altri, in tutte le sue dimensioni, di meraviglia e di tenebra. Con quella poesia posta in apertura, indimenticabile: «Voi che vivete sicuri / nelle vostre tiepide case, / voi che trovate tornando a sera / il cibo caldo e visi amici: / considerate se questo è un uomo / che lavora nel fango / che non conosce pace / che lotta per mezzo pane / che muore per un sì o per un no. / Considerate se questa è una donna / senza capelli e senza nome / senza più forza di ricordare / vuoti gli occhi e freddo il grembo / come una rana d'inverno».[96]

L'altro libro è *La tregua*, il racconto del viaggio del ritorno, da Auschwitz a Torino, lungo le strade, le stazioni, i villaggi, le città della Russia, della Romania, dell'Ungheria, dell'Austria. Tra rovine e rinascita, caos di folle in movimento, genti di ogni nazionalità sulla via di casa. Un viaggio mitico, una grande odissea. E una spettacolare fiera dell'umanità. Levi è un geniale ritrattista e ci lascia una galleria strepitosa di personaggi incontrati. Come la vecchia bottegaia tedesca che, in terra polacca, lo accoglie e lo rifocilla e gli racconta che nel '38 aveva rischiato anch'essa di finire ad Auschwitz. Aveva un negozio a Berlino. Avendo sentito alla radio che Hitler voleva fare la guerra, prese carta e penna e gli scrisse, riassumendo: Signor Adolf Hitler, non faccia la guerra, moriranno troppe persone, e poi la perderà perché avrà tutto il mondo contro. Ci pensi. Firmò con nome, cognome, indirizzo, spedì e aspettò. Venne la Gestapo. Le dissero che avrebbe-

[95] P. LEVI, *I sommersi e i salvati*, prefazione di T. Todorov, postfazione di W. Barberis, Einaudi, Torino 2018, pp. 24-51.

[96] P. LEVI, *Se questo è un uomo*, Postazione di C. Segre, Einaudi, Torino 2014.

ro dovuto impiccarla, ma siccome era solo «una vecchia stupida capra» le tolsero la licenza e la cacciarono dalla città. Per quella sua ragionevole lettera viveva tra i polacchi, stimata e in pace.

«Trentino», 11 luglio 2019

ANCHE OPEN ARMS ALL'ISOLA DI HOMELAND

Il tendone dell'oratorio, nel centro del paese, è pieno. La gente occupa tutti i tavoli, ci sono anche volti africani e asiatici, c'è la cucina etnica e quella trentina, riso piccante nigeriano e carne «salada» dell'Alto Garda, birra e the alla menta, c'è la musica afro beat, ci sono i ragazzi e le ragazze della parrocchia che cantano, danzando, canzoni di amicizia tra i popoli, e poi il sindaco, il vescovo, il parroco, il bibliotecario, la presidente della cooperativa sociale, i rappresentanti di diverse associazioni e dei Comuni vicini. E parlano di migranti, e parlano anche i migranti, le migranti, due donne africane. E poi si mangia, si beve, si chiacchiera. C'è il sole fuori e c'è il sole dentro il tendone e dentro le persone. Una festa di popolo strana in questo assolato sabato pomeriggio. Sembra una festa d'altri tempi, di tempi più umani. E invece è il 13 luglio 2019 e siamo in piena glaciazione umana e politica, e siamo a Dro, paese trentino di cinquemila abitanti della Comunità Alto Garda e Ledro, e questa è la calda festa di «Homeland». Una festa d'altri tempi, perché l'Italia è nella morsa del ghiaccio. La politica fomenta l'odio contro i migranti ed essi sono diventati i nuovi «lebbrosi». Disprezzati, cacciati, rifiutati. Il governo e il suo ministro dell'Interno hanno ordinato di abbandonare in mare i migranti naufraghi, hanno vietato di salvarli. È come se una letale glaciazione fosse piombata sul nostro Paese, il Paese del sole e del calore umano. Proprio ieri sono stati recuperati 72 corpi del naufragio dell'1 luglio avvenuto al largo delle coste tunisine. Un barcone con 80 persone partito dalla Libia e diretto in Italia era naufragato e gli unici tre superstiti avevano raccontato l'accaduto. Riusciamo a immaginare cosa vuol dire veder affogare, tra disperate grida di aiuto, familiari, amici, donne, bambini, uomini, quasi tutti i tuoi compagni di viaggio? Ma siamo in piena glaciazione, troppi cuori sono di ghiaccio e dagli gli occhi non scendono lacrime per le vittime.

«Homeland», invece, è un'isola di umanità, una di quelle calde isole di umanità che in questo nostro perduto Paese sopravvivono come preziosi endemismi alla glaciazione. Non è l'unica, per fortuna, né in Trentino né Italia. Ce ne sono tante di queste belle isole. Bisogna farle vedere, raccontarle, soffiare via le nere nebbie di questa stagione che le oscurano. A Dro si fa festa con i migranti. È venuto anche Lauro Tisi, vescovo di Trento. Ha ricordato ai presenti la sua prima esperienza di accoglienza dei profughi, i polacchi, quando era giovane collaboratore nella parrocchia di Levico. Ha detto che l'accoglienza delle persone che hanno bisogno è una dimensione normale della vita, deve esserlo. Poi si è seduto a mangiare tra la gente. Il parroco, don Stefano Anzelini, ha raccontato storie di accoglienza e di integrazione a Dro e l'impegno della parrocchia su questo fronte. Ha presentato e dato la parola a due signore africane immigrate, contente del paese che le ha accolte. Il sindaco, Vittorio Fravezzi, ha messo l'accento sul fatto che la migrazione è un fenomeno che ci accompagnerà per molti anni e che affrontarlo con sguardo positivo è segno di saggezza. Chiara Dossi, presidente della cooperativa Arcobaleno, ha sottolineato l'umanità e la professionalità che contraddistinguono l'impegno della cooperativa nei progetti di accoglienza. È poi intervenuto Dino Sommadossi.

«Homeland: migrazioni, esodi e nomadismi» è una creatura di Dino Sommadossi, il bibliotecario di Dro, personaggio speciale, creatore anche di «Drodesera», un festival di teatro e danza giunto alla trentanovesima edizione e diventato nel tempo «Centrale Fies», un centro internazionale di produzione di arte contemporanea. «Homeland» è un insieme di iniziative sul tema delle migrazioni che nell'arco di alcuni mesi coinvolge un po' tutta la comunità. C'è la festa di paese, come quella di sabato 13 luglio, e poi tra ottobre e novembre partono gli incontri nelle scuole. Quindi le iniziative per le famiglie, per i giovani, i dibattiti e le conferenze serali, le proiezioni di film, i concerti, il torneo di calcetto. Quest'anno siamo alla quarta edizione. L'anno scorso era presente anche Riccardo Gatti, uno dei capitani della nave spagnola Open Arms che dall'inizio del 2015 soccorre e salva i profughi nel Mediterraneo. Ne ha soccorsi e salvati decine di migliaia.[97] In tempi normalmente umani, i soccorritori sarebbero solennemente premiati dalle autorità del nostro Paese. Invece sono insultati e minacciati di arresto se si presentano davanti ai nostri porti col loro carico di umanità sofferente che hanno sottratto alla morte. A Dro, Riccardo Gatti ha trovato calore, ascolto, aiuto, e tanta, tanta gratitudine.

Dino Sommadossi ci spiega che tutto è cominciato vent'anni fa, al tempo della prima immigrazione, quella tunisina e marocchina. Il Comune di Dro diede incarico alla biblioteca, cui sono affidati anche i progetti speciali, insieme alle attività culturali, di svolgere il servizio di «ingresso» dei migranti nella comunità. Sommadossi ha subito invitato in biblioteca i migranti. Ha promosso corsi di italiano al mattino per le donne marocchine e tunisine, che di solito restano in casa. Le donne portavano i loro bambini per i quali la biblioteca aveva organizzato un piccolo «Kindergarten». Poi è stato messo a disposizione degli immigrati, da parte del Comune, uno spazio per il Ramadam, proprio di fronte alla biblioteca. Questo luogo d'incontro, disciplinato da regole e trasparenza, ha favorito il nascere della prima associazione di migranti, «La fratellanza», dalla quale sarebbero in seguito germogliate altre due associazioni. Due volte all'anno alcuni funzionari del Consolato tunisino di Milano arrivano a Dro e insieme ai funzionari del Comune rilasciano documenti ai migranti locali e del Basso Trentino, evitando loro lunghi e costosi viaggi.

Nel 2015 arriva il primo gruppo di profughi, alcune famiglie, una ventina di persone. La biblioteca promuove per loro nuovi corsi di italiano, in collaborazione con la Provincia. Sommadossi invita in biblioteca le famiglie, spiega come funzionano i servizi che offre, i diritti, i doveri, le regole, le opportunità, rilascia loro la prima tessera. La prima «carta d'ingresso» nella comu-

[97] Cfr. il sito di Open Arms: https://www.openarms.es/it

nità. È un primo avviamento alla burocrazia e ai servizi pubblici. Intanto la biblioteca collabora con la cooperativa Arcobaleno per gli altri aspetti dell'accoglienza dei profughi, su cui torneremo dopo. E nasce «Homeland» per coinvolgere la comunità. Il primo poster ha l'immagine sorridente di un giovane calciatore nero. Esprime felicità e positività. Sommadossi lavora molto con le scuole elementari e medie. Le famiglie vanno in ogni classe (e questo ogni anno, dal 2015) e raccontano ai ragazzi la loro storia, il loro viaggio, le loro speranze. La sera ci sono gli incontri con gli insegnanti e gli adulti.

Adesso, dopo il taglio dei finanziamenti ai corsi di italiano per i profughi da parte del governo provinciale leghista, la biblioteca organizza i corsi di italiano grazie all'intervento finanziario del Comune di Dro e di quello di Arco. La comunità ha fin qui percorso una positiva strada per l'accoglienza dei migranti e non vuole certo interromperla per colpa del governo provinciale.

Siamo andati anche nella sede di Riva del Garda della Cooperativa sociale Arcobaleno che fin dall'inizio ha in carico il progetto di accoglienza dei profughi a Dro, in collaborazione con il Comune, con Cinformi, la struttura della Provincia. Arcobaleno è una bella e vivace realtà, presieduta e animata con creatività da Chiara Dossi. Paolo Tonelli è il vice presidente, Martina Tonelli è la responsabile del progetto accoglienza. Chiara e Martina ci raccontano gli altri aspetti di questa interessante storia di accoglienza a Dro. Nel 2015 erano quattro le famiglie nigeriane arrivate, di cui tre con bambini. Erano scappate dalla Libia, dove gli uomini avevano trovato lavoro. Erano tutti senza documenti, un bel problema. I genitori temevano che gli portassero via i bambini. Anche per questo l'inizio è stato molto faticoso, perché non potevano accedere a nulla, essendo privi di documenti.

Ma la comunità ha colmato con la solidarietà intelligente, di istituzioni e volontari, i vuoti burocratici. Il risultato è che tre anni dopo, due di queste famiglie sono ancora a Dro, qui si sentono a casa loro, si sono ben integrate nella comunità. I papà hanno un buon lavoro e potranno avere un lungo permesso di soggiorno, le mamme sono coinvolte nelle attività di volontariato e cucinano per tutti gli eventi organizzati in paese (davano una mano anche alla festa del 13 luglio), i bambini frequentano l'asilo e parlano bene l'italiano. Sono entrate in gioco anche le capacità delle operatrici e degli operatori della cooperativa Arcobaleno nell'accompagnare le famiglie, specialmente le donne: dalle regole dell'abitare in strutture con servizi in comune, all'uso degli elettrodomestici, dai rapporti di vicinato alle delicate visite mediche e ginecologiche, complicate dalle carenze linguistiche, fino al parto per le due donne. Il momento più delicato, ma anche il più bello. La cooperativa è stata uno dei principali collanti tra le due famiglie e la comunità. Si può, anche da queste poche informazioni, capire la complessità e delicatezza del lavoro di una cooperativa sociale. Oggi si tende ad assegnare i progetti attraverso appalti al massimo ribasso. Vuol dire rischiare di affidarli a cooperative che speculano sul personale, spesso non preparato professionalmente e pagato poco.

Per l'inserimento lavorativo dei due uomini, John Ikechekwu e Olatunji Adeyemi, Sommadossi ha avuto l'idea che avrebbero potuto affiancare i vigili urbani nel servizio di vigilanza all'entrata e all'uscita degli scolari dalla scuola. L'idea è andata in porto, il comandante della Polizia Locale ha dato la sua collaborazione e ha organizzato per i due uomini un breve corso di formazione. E poi per tutto l'anno scolastico 2016-2017, John e Olatunji, senza mai mancare un giorno, hanno svolto gratuitamente il servizio di «nonno vigile» davanti alle scuole, al mattino e al pomeriggio, smontando, con la loro serietà e simpatia, le perplessità e i timori che erano sorti tra i genitori. Tanto che alla fine dell'anno scolastico c'è stata una festa e il sindaco ha consegnato loro un attestato di riconoscimento. Adesso John e Olatunji hanno uno stabile lavoro in fabbrica. Sono motivati e apprezzati. Sono contenti, con le loro famiglie, di vivere a Dro, e Dro è altrettanto contenta. Dino Sommadossi aveva visto giusto mettendo sul manifesto inaugurale di «Homeland» l'immagine di un giovane nero felice.

Luglio 2019

CHI SONO I SAMARITANI?

I samaritani, letteralmente, sono gli abitanti di Samaria, antica città della Palestina e antica capitale del regno di Israele (IX sec. a.C.), da cui prese il nome la regione circostante, posta tra la Giudea, a sud, e la Galilea, a nord. La Samaria oggi fa parte della Cisgiordania tolta alla Giordania da Israele con la Guerra dei Sei giorni del 1967. Il centro più importante della regione è Nablus.

Dalla parabola evangelica del «buon samaritano» il termine viene usato per indicare «persona buona, generosa, caritatevole», scrive il vocabolario Treccani. Ma la parabola evangelica dice molto di più. Per comprenderla appieno, dobbiamo ricordare che la Samaria fu occupata dagli Assiri che distrussero la città nel 722 a.C. La popolazione fu deportata e nel territorio furono insediate popolazioni assire, provenienti da regioni oggi comprese tra Iraq del Nord e Siria. Questi stranieri si mescolarono poi con gli ebrei, e i samaritani divennero una popolazione mista, pagana ed ebraica, il cui culto andò in rottura con il giudaismo, anche se ne conservava punti importanti. I samaritani hanno Garizim, nei pressi di Nablus, come «monte sacro», centro spirituale, e non Gerusalemme. Di qui il disprezzo degli ebrei verso i samaritani, considerati scismatici e impuri.[98]

Il «buon samaritano» della parabola evangelica, l'impuro straniero indicato come modello di religiosità, è dunque una clamorosa provocazione di Gesù rivolta ai farisei, gli osservanti più rigorosi della legge. Troviamo il racconto nel Vangelo di Luca:

> Ed ecco, un dottore della Legge si alzò per metterlo alla prova e chiese: "Maestro, che cosa devo fare per ereditare la vita eterna?". Gesù gli disse: "Che cosa sta scritto nella Legge? Come leggi?". Costui rispose: "Amerai il Signore tuo Dio con tutto il tuo cuore, con tutta la tua anima, con tutta la tua forza e con tutta la tua mente, e il tuo prossimo come te stesso".

[98] Cfr. 2Re 17,24-41.

> Gli disse: "Hai risposto bene; fa' questo e vivrai". Ma quello, volendo giustificarsi, disse a Gesù: "E chi è il mio prossimo?". Gesù riprese: "Un uomo scendeva da Gerusalemme a Gerico e cadde nelle mani dei briganti, che gli portarono via tutto, lo percossero a sangue e se ne andarono, lasciandolo mezzo morto. Per caso, un sacerdote scendeva per quella medesima strada e, quando lo vide, passò oltre. Anche un levita, giunto in quel luogo, vide e passò oltre. Invece un Samaritano, che era in viaggio, passandogli accanto, vide e ne ebbe compassione. Gli si fece vicino, gli fasciò le ferite, versandovi olio e vino; poi lo caricò sulla sua cavalcatura, lo portò in un albergo e si prese cura di lui. Il giorno seguente, tirò fuori due denari e li diede all'albergatore, dicendo: "Abbi cura di lui, ciò che spenderai in più, te lo pagherò al mio ritorno". Chi di questi tre ti sembra sia stato prossimo di colui che è caduto nelle mani dei briganti?". Quello rispose: "Chi ha avuto compassione di lui". Gesù gli disse: "Va' e anche tu fa' così".[99]

I samaritani sono coloro che di fronte alla persona che ha bisogno non si voltano dall'altra parte, ma danno una mano. Non fingono di non vedere la sofferenza, ma si impegnano per guarirla. Non si chiedono a quale nazionalità appartenga la vittima, ma vedono solo un fratello o una sorella. Non guardano se ha in tasca i documenti, ma la soccorrono. Non mettono davanti la legge, ma il dovere di salvare. Il samaritano è una persona che soccorre la vittima non perché glielo impone la legge o la religione, ma perché glielo impone la sua coscienza.

E se, invece di tre persone, è un corteo che passa davanti alla vittima? Se è una comunità o se è un'intera nazione, cambiano forse le cose? No, anche una comunità, anche una nazione, anche un popolo possono comportarsi come il levita e il sacerdote che passano oltre e non soccorrono la vittima, oppure come il samaritano che si ferma e la salva. Le salva, le salvano se le vittime sono tante. E allora l'amore personale, la carità, la fraternità diventano giustizia sociale. Diventano politica. Un popolo si fa samaritano con la giustizia sociale e con la politica che mette al primo posto le persone più deboli. Il resto viene dopo. Vadano

[99] Cfr. Lc 10,25-37.

per i loro affari il levita e il sacerdote, il samaritano si ferma, perché quella vittima viene prima di tutto il resto.

La parabola del samaritano è ricchissima di implicazioni. Papa Francesco, all'Angelus di domenica 14 luglio 2019, definendola «una delle più belle del Vangelo», l'ha commentata così:

> È diventata il modello di come deve agire un cristiano. Grazie all'evangelista Luca abbiamo questo tesoro. Sappiamo che i giudei trattavano con disprezzo i samaritani, considerandoli estranei al popolo eletto. Non è dunque un caso che Gesù scelga proprio un samaritano come personaggio positivo della parabola. In questo modo vuole superare un pregiudizio, mostrando che anche uno straniero, anche uno che non conosce il vero Dio e non frequenta il suo tempio, è capace di comportarsi secondo la sua volontà, provando compassione per il fratello bisognoso e soccorrendolo con tutti i mezzi a sua disposizione.

Infatti, ha aggiunto Papa Francesco, erano passati per quella strada un sacerdote e un levita, cioè persone dedite al culto di Dio, ma non si erano fermate a soccorrere l'uomo ferito.

> Gesù, dunque, propone come modello il samaritano, proprio uno che non aveva fede! Anche noi pensiamo a tanta gente che conosciamo, forse agnostica, che fa del bene. Gesù sceglie come modello uno che non era un uomo di fede. E questo uomo, amando il fratello come sé stesso, dimostra di amare Dio con tutto il cuore e con tutte le forze – il Dio che non conosceva! –, ed esprime nello stesso tempo vera religiosità e vera umanità.

Papa Francesco riassume infine con queste parole il senso della parabola:

> Essere capaci di avere compassione: questa è la chiave. Questa è la nostra chiave. Se tu davanti a una persona bisognosa non senti compassione, se il tuo cuore non si commuove, vuol dire che qualcosa non va. Stai attento, stiamo attenti. Non ci lasciamo trascinare dall'insensibilità egoistica.[100]

Luglio 2019

[100] Cfr. https://www.vaticannews.va

AMA IL PROSSIMO TUO

La Questura di Cremona, in un comunicato stampa pubblicato sul suo sito il 18 luglio 2019, ha annunciato di aver individuato e denunciato il terzo aggressore del giovane che un mese e mezzo prima, la sera del 3 giugno, mentre assisteva al comizio in piazza del ministro dell'Interno, Matteo Salvini, esponendo una sciarpa con la scritta «Ama il prossimo tuo», era stato insultato e picchiato da alcuni presenti e preso in giro dal ministro. Affidiamoci per la ricostruzione dei fatti al comunicato della Questura:

> Il ragazzo cremonese del '93 aveva esposto un drappo di tessuto, delle dimensioni di una sciarpa, recante la scritta "Ama il prossimo tuo". In quell'occasione, i tre soggetti, dopo aver inveito nei suoi confronti tentando di sfilargli la sciarpa e di allontanarlo dalla piazza, gli si erano avvicinati, strattonandolo e colpendolo con un calcio ed alcuni schiaffi al capo. Il terzo identificato è colui che, nelle fasi finali della breve aggressione, era sopraggiunto da dietro colpendolo con una manata tra la nuca ed il collo. La vittima, contattata subito dopo il fatto dagli uomini della Digos aveva riferito di non aver riportato alcuna lesione e di non aver intenzione di formalizzare alcuna querela. Le indagini comunque effettuate avevano permesso di individuare due giovani: B. G. (cremonese del 2000) e B. M. A. (cremonese del 1976) quali iniziali responsabili dell'aggressione, che erano stati indagati in stato di libertà per il reato di violenza privata in concorso. Il terzo uomo, un cremonese di 53 anni (P.B.), è stato quindi anch'egli conseguentemente indagato per il medesimo reato in concorso con i primi due già identificati. L'ipotesi di reato proposta dalla Digos all'autorità giudiziaria, che ne valuterà l'esatta configurazione, nell'assenza di querela per i reati di percosse o lesioni personali dolose, tiene conto del fatto che, con il loro comportamento, gli indagati hanno impedito, così come previsto dall'art. 610 del Codice penale, con violenza o minaccia, al giovane cremonese, di poter

> manifestare liberamente il proprio pensiero con l'esposizione della sciarpa.[101]

Il comunicato non riporta, naturalmente, le parole pronunciate dal ministro mentre vedeva dal palco il tafferuglio e il ragazzo che veniva allontanato (forse non ha visto l'aggressione). Ma sono state riportate da molti organi di informazione e sono registrate in filmati visibili sulla Rete. Le riportiamo integralmente dalla registrazione video:

> Lasciatelo da solo, poverino, dai. Un applauso al comunista che c'è, perché se non c'è un comunista ai giardinetti noi non ci divertiamo. E mi fanno simpatia quelli che ancora nel 2019 vanno in giro con la bandiera rossa, la falce e il martello. Mi fanno un'enorme simpatia. A Milano c'è il Museo della scienza e della tecnica dove si studiano i dinosauri. E io sono appassionato dell'antropologia umana, compagno compagno tu lavori io magno. I fenomeni delle porte aperte, sindaco, siccome siamo in democrazia e ognuno coi suoi soldi è libero di fare quello che vuole, se si vince, tu però devi aprire un albo in Comune, dove raccogli nome e cognome, numero di conto corrente di eventuali buonisti che vogliono prendere dieci immigrati a casa loro e che se li mantengano loro. Ognuno coi suoi soldi fa quello che vuole, però coi suoi soldi non coi soldi degli italiani.

L'episodio merita di essere puntualmente registrato e commentato sia per come si è svolto, per quella violenza fisica delle persone su un cittadino inerme che esponeva una scritta evangelica, sia per le parole del ministro. Rappresenta un eloquente documento della nostra epoca, l'epoca della tragedia dei profughi e l'epoca della tragedia della perduta coscienza umana, cristiana e civile di una buona fetta del popolo italiano, guidato in ciò dai suoi governanti.

Sull'aspetto più clamoroso, quello di aver ascritto a comunismo un detto biblico da parte dell'uomo politico italiano in questo momento più potente, e che non manca di ostentare crocifissi e rosari, ci soffermeremo più avanti.

[101] http://questure.poliziadistato.it/Cremona

Innanzitutto va ricordato che a Cremona il candidato sindaco, a sostegno del quale Salvini era intervenuto, ha perso la battaglia col candidato di centrosinistra. Di «comunisti» a Cremona, a quanto pare, ce ne sono più di uno.

A proposito dei soldi degli italiani, al di là del fatto che tante famiglie hanno accolto in casa dei richiedenti asilo, e tante persone, organizzazioni, parrocchie hanno dato e stanno dando tempo, denaro, energie, strutture all'accoglienza dei profughi, va ricordato, e non lo si fa mai abbastanza, che l'accoglienza di queste persone non è un atto di generosità lasciato alla libera volontà dei cittadini, ma è un preciso dovere delle istituzioni del nostro Paese, il quale ha sottoscritto la Convenzione internazionale di Ginevra sui rifugiati e ha tale dovere scolpito nella propria Costituzione. L'art. 10 della Costituzione della Repubblica italiana recita infatti:

> L'ordinamento giuridico italiano si conforma alle norme del diritto internazionale generalmente riconosciute. La condizione giuridica dello straniero è regolata dalla legge in conformità delle norme e dei trattati internazionali. Lo straniero, al quale sia impedito nel suo Paese l'effettivo esercizio delle libertà democratiche garantite dalla Costituzione italiana, ha diritto d'asilo nel territorio della Repubblica, secondo le condizioni stabilite dalla legge.

Questo articolo è strettamente connesso alle art. 2: «La Repubblica riconosce e garantisce i diritti inviolabili dell'uomo, sia come singolo sia nelle formazioni sociali ove si svolge la sua personalità, e richiede l'adempimento dei doveri inderogabili di solidarietà politica, economica e sociale», e all'art. 3: «Tutti i cittadini hanno pari dignità sociale e sono eguali davanti alla legge, senza distinzioni di sesso, di razza, di lingua, di religione, di opinioni politiche, di condizioni personali e sociali».

Come ricorda Valerio Onida, eminente costituzionalista e presidente emerito della Corte costituzionale, il principio di uguaglianza, che è «uno dei pilastri portanti dell'edificio costituzionale», non vale solo per i cittadini intesi in senso «tecnico», cioè coloro che possiedono la cittadinanza italiana, «al contrario, la Corte costituzionale ha chiarito più volte che vale anche per i non-cittadini, per quanto riguarda il godimento dei diritti che spettano agli individui umani in quanto tali (a loro volta, le dichiarazioni internazionali dei diritti sanciscono espressamente l'eguaglianza di tutti)».[102] E veniamo all'«Ama il prossimo tuo», scritto su una striscia di panno, simile a una sciarpa, che il giovane aggredito al comizio leghista esponeva. Questo comandamento, universalmente riconosciuto come il pilastro del cristianesimo, lo troviamo innanzitutto nell'Antico Testamento, nel libro del Levitico, al capitolo 19, versetto 18: «Non ti vendicherai e non serberai rancore contro i figli del tuo popolo, ma amerai il tuo prossimo come te stesso. Io sono il Signore».

È Gesù stesso che, facendolo proprio ed esaltandolo, ricorda che è un caposaldo della religione ebraica. Nel Vangelo di Matteo, al capitolo 22, si racconta che un fariseo, un dottore della Legge, interrogò Gesù per metterlo alla prova e gli chiese: «"Maestro, nella Legge, qual è il grande comandamento?". Gli rispose: "*Amerai il Signore tuo Dio con tutto il tuo cuore, con tutta la tua anima e con tutta la tua mente.* Questo è il grande e primo comandamento. Il secondo poi è simile a quello: *Amerai il tuo prossimo come te stesso.* Da questi due comandamenti dipendono tutta la Legge e i Profeti"» (versetti 35-40).

Siamo dunque al cuore dell'ebraismo e del cristianesimo. Ridurre l'amore del prossimo a un principio del comunismo è ridicolo, ovviamente, anche se contiene, involontariamente, una parte di verità. Marx era di origini ebraiche, e autorevoli studiosi hanno visto nell'utopia marxiana una secolarizzazione di quella ebraico-cristiana.

Ma le parole di Salvini rivelano ben altro. Lui è l'esponente italiano di punta di quella destra cattolica internazionale che ha intrapreso una ramificata e possente campagna ideologica contro il cristianesimo dell'«Ama il prossimo tuo» che ha attualmente in papa Francesco (dopo nostro Signore) il suo più autorevole rappresentante (le accuse di «comunismo» a papa Francesco sono ricorrenti) e nel Concilio Vaticano II la sua ra-

[102] V. Onida, *La Costituzione*, 2. ed. agg., Il Mulino, Bologna 2007, p. 77.

dice. Dagli Stati Uniti all'Ungheria, dall'Austria alla Polonia, dalla Francia ai Balcani la politica della destra più radicale, xenofoba, razzista, antisemita, sovranista ha il suo pilastro in un cristianesimo e cattolicesimo anti conciliari, nostalgici del catechismo di Pio X e di una Chiesa unita allo Stato nella difesa dei valori nazionali e patriottici, nemica dell'Islam visto come avversario da combattere strenuamente per difendere i valori occidentali, ovviamente mitizzati, nemica dei diritti civili, nemica delle libertà democratiche se esse aprono la porta a quel pluralismo culturale e religioso che è visto come l'anticamera della morte della nostra civiltà.

È tutto un pullulare di siti web, di messaggi che girano sui social in campagne ben organizzate e finanziate, di libri, riviste, incontri culturali che rappresentano una costante fonte di informazione e formazione per milioni di credenti, migliaia di sacerdoti, centinaia di vescovi. C'è un altro mondo cattolico accanto a quello ufficiale, che si abbevera a fonti che quello ufficiale spesso ignora, e questo parallelo mondo cattolico è altrettanto ramificato e potente di quello ufficiale. Ha i suoi finanziatori, ovunque, e di tutti i colori, i quali hanno le loro buone ragioni economiche, politiche, personali per spendervi molto denaro.

È in corso uno scontro all'interno del cattolicesimo mondiale di cui è difficile percepire le reali dimensioni, anche se la guerra contro papa Francesco ne è una spia eloquente. È uno scontro teologico guidato dalla politica. Noi ci troviamo di fronte non più alla vecchia questione «la Chiesa non faccia politica», sulla quale tanto si è discusso in passato, a destra come a sinistra. La nuova questione, meglio, il dato di fatto col quale oggi dobbiamo fare i conti è che «la politica fa religione», e quindi Chiesa. La politica della destra internazionale sta cambiando la religione, i suoi politici sono i nuovi teologi. Il leader dell'estrema destra austriaca, Hans-Christian Strache, caduto in disgrazia per i suoi pericolosi rapporti con i russi che l'hanno costretto alle dimissioni da vice-cancelliere nel maggio 2019, è noto perché ama girare con un crocifisso in una tasca e la pistola nell'altra. Fa nuova teologia di massa.

Il rosario e il crocifisso ostentati da Salvini mentre insulta i migranti e li lascia affogare in mare, è un momento della politica che fa teologia di massa, non solo che strumentalizza la fede cristiana, ma che la vuole cambiare per servirsene. Questa politica fa formazione cristiana molto più di quanta non ne facciano tanti parroci, tanti vescovi, tanti catechisti, tante riviste cattoliche. Molto più delle migliaia di libri di teologia, morale, spiritualità, esegesi biblica che si pubblicano (mettiamoci pure anche questo mio libro, anche se non rientra nei generi citati).

La politica fa religione e fa Chiesa, questo è il senso dello scontro in atto. La legittimazione religiosa del rifiuto dei migranti, attraverso il disprezzo dell'«Ama il prossimo tuo», è uno degli aspetti fondamentali del nuovo cristianesimo della destra internazionale. E ci sono stuoli di sacerdoti e religiosi che abbracciano questo credo. Spesso senza dubbi. In nome della civiltà cristiana, del «vero» cristianesimo tradito, a loro detta, dal cristianesimo dell'«Ama il prossimo tuo».

In questa situazione, i credenti che non cedono alle nuove eresie, hanno il compito di continuare, con la parola e con la vita, a testimoniare, seguendo il Gesù del Vangelo, che il fondamento del cristianesimo, in continuità con l'ebraismo, sta nell'«Amerai il Signore Dio tuo e Amerai il tuo prossimo», dove quest'ultimo, è «simile» al primo, cioè gli è intimamente legato al punto che non lo si può separare da quello. La fedeltà alla Parola è la prima arma di ogni battaglia cristiana. Ma bisogna anche essere consapevoli delle dimensioni politiche dello scontro teologico in atto. E agire di conseguenza. Il trincerarsi di tanti, religiosi e laici, dietro un «la Chiesa non fa politica» mentre la politica fa religione, e quindi fa Chiesa, suona come una rinuncia ad affrontare seriamente la realtà.

Un'ultima annotazione. Non è un caso che il più famoso romanzo della prima metà del Novecento sui profughi (insieme al bellissimo, ma meno famoso, *Transito*, di Anna Seghers),[103]

[103] A. Seghers, *Transito*, traduzione di M. Ramous, introduzione di C. Wolf, Mondadori, Milano 1987.

sia *Ama il prossimo tuo* dello scrittore tedesco Erique Maria Remarque, nato in una famiglia cattolica, che lo pubblicò nel 1939 mentre era rifugiato negli Stati Uniti.[104] Remarque era stato messo al bando dal nazismo e i suoi libri erano tra quelli finiti al rogo, soprattutto il suo grande romanzo pacifista sulla Prima guerra mondiale, *Niente di nuovo sul fronte occidentale*, del 1929, che aveva ottenuto un enorme successo mondiale.[105] Non è per niente un caso che il libro di Remarque sui profughi, così pieno di partecipazione umana, avesse quel titolo, *Ama il prossimo tuo*, perché in quel comandamento ebraico-cristiano egli vide la discriminante nell'atteggiamento di persone e popoli verso quell'umanità cacciata e reietta.

Verso la fine del libro, che racconta le vicissitudini di un ragazzo e una ragazza ebrei scappati dalla Germania e continuamente sballottati tra Francia e Svizzera (la vicenda si svolge nel 1936), c'è la stupenda scena della morte nel suo letto a Parigi, dopo tanti patimenti e tanto vagabondare, del vecchio Moritz Rosenthal. Remarque gli regala una meravigliosa visione in quei suoi ultimi momenti di vita.

Fuggiasco come sempre, Moritz Rosenthal sta camminando in un bosco e si avvicina guardingo al confine. Ed ecco che vede un immenso portale sfolgorante, dietro il quale brillano cupole, torri, guglie. E davanti, un gigantesco custode, raggiante di luce e di splendore, con in mano un bastone pastorale. La dogana, pensa spaventato il vecchio Moritz. Ma il guardiano lo chiama, lo chiama per nome, gli fa dei gesti e perfino gli dice: «Vieni dentro». Il vecchio Mortitz è diffidente, chi può invitarlo ad entrare, lui che è stato sempre espulso ovunque andasse? Si instaura un dialogo tra i due, e il vecchio Moritz gli esprime tutte le sue perplessità e gli spiega che non ha né passaporto né permessi.

> "Non hai permesso di soggiorno? Niente visti? Niente permesso di lavoro?" Il guardiano sollevò la mano. "Allora hai

[104] E. M. Remarque, *Ama il prossimo tuo,* Mondadori, Milano 1949.
[105] E. M. Remarque, *Niente di nuovo sul fronte occidentale*, Neri Pozza, Vicenza 2016.

diritto a un palco di primordine, al centro, con la veduta completa della parata dell'esercito celeste." A Moritz la cosa piace, però ricorda al custode che lui è un ebreo e un clandestino. Il custode alzò tutte e due le braccia. "Ebreo? Espulso? Clandestino da anni? Allora avrai due angeli per tuo servizio personale, e con tromba anche". Si volse verso l'interno della porta, e chiamò; "L'angelo dei senza patria!... L'angelo di coloro che hanno molto sofferto!" ... I due angeli lo presero sotto le braccia, e così papà Moritz, il vecchio pellegrino, il veterano degli emigrati, oltrepassò fiducioso la grande porta.[106]

Luglio 2019

[106] REMARQUE, *Ama il prossimo tuo*, cit., pp. 373-374.

ANNEGATI IN UN MARE DI INDIFFERENZA

«Alcune di queste immagini potrebbero urtare la vostra sensibilità». Figurarsi. Rai News è fin troppo prudente nel mostrare un video sul recupero dei corpi del peggior naufragio di quest'anno. Quale sensibilità? Ce n'è ancora? Almeno 150 esseri umani che avevano l'unico torto di essere nati nel Paese sbagliato e di cercarne uno migliore sono annegati tra giovedì 26 e venerdì 27 luglio al largo di Al Khoms, 120 chilometri a Nord Est di Tripoli. Altri 140 sono stati salvati dai pescatori e dalla cosiddetta Guardia costiera libica. *Centocinquanta persone disperse in un mare di indifferenza*, aveva titolato in prima pagina il 27 luglio «L'Osservatore Romano», il quotidiano della Santa Sede, dando una lezione di verità e di gerarchia delle notizie a tanti giornali e notiziari del nostro Paese.

L'Occidente è in guerra coi migranti, ma non vuole ammetterlo. Fa loro la guerra coi muri, con le leggi, vendendo armi ai regimi oppressori, sfruttando le ricchezze dei loro Paesi, ma non vuole guardare le vittime delle sue guerre. Si stanca, si annoia delle notizie dei morti che la sua guerra provoca. Facciamo guerra ai migranti anche con l'indifferenza, per non parlare dell'odio che diffondono i politici. La spiaggia coperta di cadaveri di bambini, donne, uomini, perché mai dovrebbe urtare la nostra sensibilità? Si preferisce non guardare, si passa ad altro, c'è ben altro di cui parlare. Siamo in guerra coi migranti, da anni, ma non vogliamo ammetterlo. Perché è una guerra schifosa come tutte le guerre, e la verità fa male. Perché le prime vittime sono gli innocenti. I loro cadaveri sono uno schiaffo da evitare. I superstiti, ci mostrano altri video, siedono smarriti, con lo sguardo spento, mentre i samaritani di Medici senza frontiere li aiutano a ritornare in vita dopo quella notte spaventosa in cui hanno visto morire i loro figli, le loro mogli, i loro mariti, i loro fratelli, i loro amici. Sono eritrei, sudanesi, egiziani, somali, bangladesi.

Poveri eritrei. Noi abbiamo invaso l'Eritrea con fucili e cannoni, abbiamo schiavizzato e depredato il suo popolo, ma ci è comodo dimenticarlo e ci scandalizziamo dell'«invasione» degli eritrei, disarmati, inermi, che fuggono dal regime oppressivo di Isaias Afewerki, da 26 anni al potere, che non tollera il dissenso e che costringe i giovani a un servizio militare a tempo indeterminato. Considerati come oggetti, non persone, in mano allo Stato che ne dispone a piacimento. Che faremmo noi se fossimo nati in Eritrea? Noi abbiamo l'immeritato privilegio di essere nati in un Paese più fortunato. «Il Sole 24 ore» del 29 luglio ha pubblicato uno studio secondo il quale il Trentino, insieme alla Liguria e all'Alto Adige, è primo in Italia per ricchezza.[107] Che ne facciamo di questo privilegio? Tagliamo gli aiuti ai Paesi impoveriti, tagliamo gli aiuti ai profughi, cioè ai più poveri di tutti. Questo è quello che ha fatto il governo leghista di questa ricca provincia. Grande lezione, non c'è che dire, di giustizia e di carità cristiana.

Con gli eritrei, tra i morti e i superstiti dell'orrendo naufragio della settimana scorsa, ci sono anche somali e sudanesi. Non abbiamo forse invaso con la violenza anche la Somalia? Non avremmo forse degli speciali doveri verso di loro? E i giovani sudanesi che scappano? Tra giugno e luglio ci sono stati più di 120 morti tra i ragazzi e le ragazze che manifestavano pacificamente in Sudan contro l'aumento del prezzo del pane e della benzina, uccisi dalle forze paramilitari. Il «massacro dei ragazzini». Se fossimo dei giovani sudanesi, non avremmo anche noi il desiderio di una vita migliore? Perché facciamo la guerra ai giovani profughi dell'Eritrea, della Somalia, del Sudan e degli altri Paesi infelici? Perché?

«Trentino», 1 agosto 2019

[107] D. Aquaro - C. Dell'Oste - G. Parente, *In Trentino e Liguria i più ricchi d'Italia. E il Fisco punta sul risparmiometro*, in «Il Sole 24 ore», 29 luglio 2019.

I TALENTI DI ISLAM E LAMIN

Se Islam Hamidul dovesse andarsene, magari cacciato da qualche nuova legge, la cooperativa dove lavora si troverebbe in gravi difficoltà. Saldatori come lui non se ne trovano più. Prima i nostri? E dove sono i nostri capaci di sostituire Islam Hamidul? La realtà è molto diversa dalla propaganda. Questa storia ci aiuta a conoscere un'altra faccia dell'immigrazione.

Islam oggi ha trent'anni e vive in Valle di Non. Era partito nel 2012 dal suo Paese, il Bangladesh, dove erano rimaste sua moglie e sua figlia di un anno, e come tanti suoi connazionali, e come tanti altri migranti che poi sono arrivati in Italia, era andato a lavorare in Libia, sui cantieri, nella ristorazione. Poteva così inviare alla famiglia i soldi di cui aveva estremo bisogno. Ma la situazione in Libia era precipitata, guerra, violenze, e dopo quattro anni era stato costretto a fuggire sul barcone. Non aveva mai pensato all'Italia, ma non aveva alternative. Il barcone sul quale aveva trovato posto nell'estate del 2016 era stato soccorso dalla Guardia costiera italiana. Poteva altrimenti finire male. Da Palermo, dove era sbarcato ed era stato identificato, era stato ben presto trasferito in Trentino, prima al campo di Marco di Rovereto e pochi giorni dopo all'ostello di Castelfondo, in Val di Non, altro campo di prima accoglienza.

E nella Valle di Non, grazie al sistema di accoglienza e all'aiuto spontaneo di tante persone di buona volontà, Islam riesce a superare uno dopo l'altro gli ostacoli burocratici e legislativi che gli stavano rendendo la vita difficile e rischiavano di buttarlo in strada (la sua domanda di asilo viene respinta, ma in seguito al ricorso ottiene la protezione umanitaria). È accolto nel paese di Mollaro all'interno del «progetto canoniche» varato dalla diocesi di Trento e concretizzato dal Centro Astalli (servizio dei gesuiti per i rifugiati, presente in 50 Paesi nel mondo e in Italia in 5 regioni) e dalla Fondazione Comunità Solidale (espressione della Chiesa trentina). Due anni intensi: corsi di lingua italiana e di formazione degli adulti, attività sociali, lavori temporanei nella raccolta delle mele. È determinato, capace, cordiale. Remo Bonadiman, insegnante del Centro formazione professionale Enaip di Cles, ed ex-sindaco del paese di Fondo, ne intuisce le potenzialità, si prende a cuore la sua formazione e, siamo all'inizio del 2018, gli insegna a saldare, e continuerà a farlo anche quando andrà poco dopo in pensione. Islam diventa un saldatore provetto, come pochi. Il Centro Astalli di Trento, presieduto da Stefano Graiff e diretto da Stefano Canestrini, che ci ha fatto conoscere questa storia, gli trova un tirocinio non retribuito di sei mesi presso la Cooperativa Social N.o.s (Nuove opportunità sociali) che segue minori, anziani, disabili.

Nel maggio 2018 Islam consegue il patentino professionale presso l'Enaip di Cles. La Social N.o.s., guidata da Massimo Zadra, gli prolunga il contratto che gli consente di ottenere un nuovo permesso di soggiorno. I colleghi lo aiutano a trovare un appartamento. Islam ha raggiunto un tale livello di competenza come operaio di carpenteria metallica che è diventato indispensabile per la cooperativa, che ha dodici dipendenti e che può così portare a buon fine le commesse ricevute. Il 1° gennaio 2019 la cooperativa gli dà un contratto a tempo indeterminato. Il permesso di soggiorno può essere così prolungato. E Islam può tornare per un mese di ferie in Bangladesh e riabbracciare dopo anni sua moglie e la sua bambina. Alla fine di quest'anno anche il suo permesso di soggiorno potrà diventare a tempo indeterminato. La buona accoglienza ha consentito di valorizzare i grandi talenti di Islam, di cui la nostra comunità ha anche molto bisogno, e di superare gli innumerevoli ostacoli della legislazione anti-migranti. È stato formato e ora è lui a formare i giovani trentini, mentre sta dando un contributo insostituibile in ambito produttivo e sociale. Islam ora ci sta aiutando. Lui ha anche cambiato la mentalità di tanti che avevano pensieri negativi sugli immigrati. Le leggi contro i rifugiati, che li cacciano dai progetti di accoglienza e li buttano in strada, i provvedimenti che tolgono i finanziamenti ai corsi di lingua e agli inserimenti lavorativi per loro, di cui si è fatto responsabile anche il governo leghista del Trentino, sono un'offesa alla dignità delle persone migranti, ma anche una operazione sucida per le nostre comunità che invece avrebbero bisogno dei talenti che tanti migranti portano dentro di sé.[108] Quanti Islam Hamidul sono stati buttati in strada? Con un decreto che osa impunemente chiamarsi «sicurezza»? La vera sicurezza è formare le persone perché possano lavorare ed essere utili a loro stessi e alla comunità. La propaganda rende disumani, ma anche ciechi.

C'è un'altra storia. Al Centro Astalli, presso Villa S. Ignazio sulla collina di Trento, Elisabetta Girardi, operatrice, ci racconta la storia di Lamin Bojang, 27 anni, da tre anni rifugiato in Italia. Un altro talento che la buona accoglienza ha consentito di valorizzare e che per noi adesso è diventato prezioso. Era scappato dal suo Paese, il Gambia, dove stava finendo l'università e lavorando come insegnante, una professione che gli piaceva moltissimo. Era attivo in un movimento politico di opposizione al regime autoritario di Yahya Jammeh, al potere dal 1994. Nella primavera del 2016 il dittatore reprime nel sangue le manifestazioni di protesta, durante le quali viene ucciso anche un leader dell'opposizione. Lamin è arrestato due volte, interrogato, torturato. Lo rilasciano e fugge in Senegal.

Poi il durissimo viaggio nel deserto verso la Libia, durante il quale assiste impotente all'abbandono lungo il percorso dei profughi indeboliti o ammalati. Atroci sentenze di morte. Quindi il barcone, il salvataggio della Guardia costiera italiana, l'arrivo a Catania il 4 agosto 2016, le speranze di resurrezione dopo tante

[108] Francesca Barbieri in un articolo su www.ilsole24ore.com del 10 luglio 2019, *Fincantieri, Bono: ci servono 6 mila lavoratori ma non li troviamo*, cita i dati del sistema informativo Excelsior di Unioncamere e Anpal secondo i quali ci sono difficoltà di reperimento di operai specializzati in più di un caso su tre. Per i saldatori le difficoltà di reperimento sono del 49,8%, in pratica se ne trova uno su due. Questo è anche un indice di molti problemi irrisolti nel nostro mercato del lavoro e nel suo rapporto col sistema di formazione, dicono i sindacati. In ogni caso, Islam Hamidul e gli altri immigrati, non portano via il lavoro a nessuno, ma colmano dei vuoti, e contribuiscono così, in maniera determinante, alla vita economica e sociale del nostro Paese.

sofferenze. Il giorno dopo è già alla Residenza Fersina di Trento, le ex caserme adibite a centro di accoglienza. Inserito in un progetto del Centro Astalli, abita nel paese di Zambana, in un appartamento messo a disposizione dal Comune in collaborazione con la Provincia. Lamin si mette a studiare, vuole tornare a fare l'insegnante. Ma deve non solo imparare l'italiano, ma anche ricominciare da capo gli studi. Consegue la licenza Media presso il centro Eda (Educazione degli adulti) dell'Istituto «Martino Martini» di Mezzolombardo. Non gli riesce il test di ammissione a Giurisprudenza, ma supera quello a Lingue (ha un'ottima conoscenza dell'inglese) e comincia a fare i primi esami. Dall'aprile di quest'anno partecipa anche al progetto Finestre del Centro Astalli che porta i rifugiati con le loro storie nelle scuole. Il suo italiano è diventato di tutto rispetto e può così esprimere pienamente il suo talento di insegnante. In 23 incontri in altrettante classi delle medie e superiori, Lamin racconta a 450 ragazzi la sua storia, ma anche la storia, le speranze, le sofferenze di tutti i profughi. All'inizio aveva detto agli operatori del Centro Astalli: «Spero che questo mi aiuti a fare pace con la mia storia». Non pensava di riuscire a parlare in pubblico in Italia. Si sentiva spento, demotivato. Era stato privato di tutto, della sua identità, della sua famiglia, del suo Paese, del suo amatissimo lavoro di insegnante, della sua passione politica. Il pensiero di ricominciare tutto da capo era sfiancante. Ha tenuto duro, ha trovato tante persone e un buon sistema di accoglienza che lo hanno aiutato. Adesso, dicono al Centro Astalli, sta aiutando noi. È bravissimo nel parlare ai ragazzi, riesce a far cogliere loro il significato degli avvenimenti. Emerge in questi incontri con i giovani tutta la sua profonda dimensione umana e religiosa e il suo positivo atteggiamento verso la vita e verso il nostro Paese che lo ha accolto e gli ha consentito di ripartire. Ha ottenuto un permesso di soggiorno di due anni per «casi speciali» (ex protezione umanitaria).

Ora ha un contratto di lavoro per questi tre mesi estivi presso un albergo di Pozza di Fassa. L'annuncio lo ha letto in un gruppo Whatsapp dove vengono condivisi annunci di lavoro (il gruppo è gestito dagli operatori e dai volontari del Centro Astalli che si occupano di orientamento al lavoro). Lui ha risposto all'annuncio, fissato l'appuntamento, fatto il colloquio. Assunto. Il suo lavoro consiste nell'animazione di bambini e ragazzi dai 3 ai 12 anni, durante il giorno e anche la sera. Fanno diverse attività: giochi, sport, gite. È contento, gli piace. È molto apprezzato e si fa voler bene da tutti. Deve anche studiare nei ritagli di tempo, ci sono gli esami da dare. E poi si allena, vorrebbe riprendere a giocare a calcio in una squadra. Intanto ha ottenuto una borsa di studio dall'Opera universitaria di Trento e a settembre avrà un alloggio. Il giorno dell'anniversario del suo arrivo in Italia ha condiviso su Whatsapp questo messaggio che dice molto di lui: «La mia storia è una canzone di battaglia. Racconta del raggiungimento di un obiettivo personale, di come vincere la paura e di come battersi per una causa più grande di sé stessi».

Agosto 2019

FRANZ JÄGERSTÄTTER, IL TESTIMONE SOLITARIO

Nel paesino austriaco di St. Radegund, in Alta Austria, nel distretto di Braunau, domani si ricorderà un grandissimo uomo, il contadino Franz Jägerstätter. Contro la legge e contro tutti, fece ciò che la sua coscienza gli imponeva: convinto che la guerra nazista fosse incompatibile con il Vangelo, rifiutò l'arruolamento nella Wermacht e il 9 agosto 1943 fu decapitato nel carcere di Berlino Tegel. Lasciò la moglie, Franziska, e tre figliolette, la più grande di sei anni.

Il mitico regista americano Terrence Malick (*La sottile linea rossa*, *The Tree of Life*) gli ha dedicato il suo ultimo film, *A Hidden Life* [Una vita nascosta], presentato a maggio al Festival di Cannes, e che vedremo nelle nostre sale all'inizio dell'anno prossimo. Alcune scene sono state girate a Sappada, in Friuli, e in Alto Adige. Può sembrare strano che sia dovuto arrivare un regista dall'America per raccontare la storia del contadino austriaco. A parte l'anticonformismo di Malick, nella vita e sullo schermo, va ricordato che fu proprio un americano, il sociologo pacifista Gordon Zahn, a scoprire per primo, negli anni Sessanta, e a raccontare in un libro la vicenda di Jägerstätter.[109]

Come mai? La storia dell'obiettore di coscienza austriaco era stata rimossa. Non era bene parlarne. Ricordare l'unico che aveva detto no, voleva dire gettare un'ombra su tutti gli altri che avevano detto sì, e sulla politica e sulla Chiesa che avevano comandato di obbedire. Quando Gordon Zahn arrivò nel 1961 a St. Radegund, che oggi conta seicento anime, scoprì l'isolamento in cui viveva Franziska, la vedova. I paesani le rimproveravano di non aver fatto abbastanza per convincere suo marito a fare quello che tutti avevano fatto. A lei, dopo la morte di Franz, le autori-

[109] G. ZAHN, *Il testimone solitario. Vita e morte di Franz Jägerstätter*, Gribaudi, Torino 1968.

tà comunali rifiutarono, in tempo di razionamento, la tessera per ricevere vestiti e cibo. Con tre figlie piccole e l'azienda agricola da portare avanti, Franziska dovette affrontare anche nel dopoguerra l'ostilità della gente e delle autorità, e la freddezza della Chiesa che aveva spento sul nascere ogni discussione sul passato nazista. A lungo non fu riconosciuta vedova di guerra, suo marito era considerato un «traditore».

Franz aveva avuto una giovinezza spensierata, balli, donne, moto. Poi incontra Franziska, cristiana non superficiale, si sposano, insieme portano avanti l'azienda agricola e la famiglia che cresce, e coltivano una religiosità profonda. St. Radegund alle elezioni del 1930 non ha dato neanche un voto ai nazisti. In pochi anni le cose cambiano. La propaganda, i miti della razza e della nazione, l'odio per gli ebrei, il culto dell'obbedienza, le crescenti intimidazioni degli estremisti trasformano il popolo in una massa sottomessa. Franz conserva la libertà interiore e arriva alla conclusione che il nazismo è incompatibile col cristianesimo. Unico nel suo paese, vota contro l'annessione dell'Austria alla Germania. Rifiuta poi i contributi statali per i contadini e non partecipa alle adunate. Diceva che la corrente ha trascinato via anche i cattolici. Infine, quando nel febbraio del '43 riceve l'ordine di presentarsi in caserma, va e dichiara: non posso partecipare a questa guerra. Incarcerato, rifiuta le pressioni dei familiari (ma Franziska rispetta la sua decisione) e degli amici che gli dicono di obbedire, come tutti. Risponde: scarichiamo le responsabilità dall'uno all'altro e nessuno vuole essere responsabile di nulla. È processato e decapitato. La sua morte, dopo decenni di incomprensione e ostilità, ha fatto maturare le coscienze. Nel 2007 la Chiesa lo ha beatificato, presente Franziska che morirà centenaria nel 2013. Domani St. Radegund lo ricorda solennemente.

La storia di Franz parla al nostro presente, dove dilagano i populismi, che a quei tempi avevano altri nomi. Il popolo non la pensava come Franz, Franz era solo. Solo contro il popolo che lo rimproverava di non fare come facevano tutti. Ma chi difendeva davvero in quel momento gli interessi del popolo? Franz o il regime? Franz o lo stesso popolo? Gli interessi reali, non quelli fittizi, costruiti dalla propaganda politica, come: togliere alla propria famiglia e al proprio lavoro i giovani e gli uomini e mandarli lontano a uccidere e morire; spendere cifre colossali per la guerra, invece di usarle per scuola, sanità, servizi sociali, casa; invadere con le proprie armate altri Paesi, che non avevano fatto nulla contro l'Austria o la Germania, invece di starsene a casa propria e curare il proprio Paese e il proprio popolo. Quando tutto finì in un inferno di distruzione e autodistruzione, il popolo si accorse chi aveva ragione. Ma non ebbe il coraggio di ammetterlo.

Nella stupenda «lettera d'addio» a tutti, scritta nel carcere di Berlino, nell'estate del 1943, e trovata dopo la sua morte, Franz scrive:

> C'è sempre chi tenta di opprimerti la coscienza ricordandoti la sposa e i figli. Forse le azioni che si compiono diventano giuste solo perché si è sposati e si hanno figli? O forse l'azione è migliore o peggiore solo perché la compiono altre migliaia di cattolici? [...] A che pro Dio ha fornito agli uomini un intelletto e una libera volontà se non ci è neppure concesso, come alcuni dicono, di giudicare se questa guerra che la Germania sta conducendo sia giusta o ingiusta? A cosa serve allora saper distinguere tra male o bene?[110]

«Trentino», 8 agosto 2019

[110] G. Girardi - L. Togni (a cura di), *Una storia d'amore, di fede e di coraggio. Franz e Franziska Jägerstätter di fronte al nazismo*, premessa di D. Menozzi, Il Pozzo di Giacobbe, Trapani 2013, p. 230. Da segnalare E. Putz, *Un contadino contro Hitler*, Nuova Editrice Berti, Parma 2000 e C. G. Zucconi, *Cristo o Hitler? Vita del beato Franz Jägerstätter,* San Paolo, Cinisello Balsamo (MI), 2008.

LA FORZA DEI VOLONTARI

«Sostieni con una donazione il diritto alla casa e al riconoscimento sociale». Il volantino «Un posto per tutte/i» è molto chiaro. Spiega bene le conseguenze del cosiddetto decreto sicurezza, diventato poi legge, e la risposta che bisogna dare. «Si prevede che a livello nazionale verranno espulse dai centri di accoglienza e portate alla condizione di clandestinità circa 40.000 persone. In Trentino, la giunta provinciale ha ridimensionato il numero delle strutture, eliminando anche quelle in cui si erano sviluppate positive esperienze di interazione, e ha abolito servizi essenziali, come i corsi di lingua, i trasporti e l'orientamento al lavoro». Anche l'emergenza abitativa si aggraverà, prosegue il volantino, perché ai senzatetto locali si aggiungeranno i richiedenti asilo rimasti fuori dalle strutture di accoglienza. Dall'analisi si passa all'azione. «Non possiamo assistere inerti a questa deriva politica e sociale. Non possiamo lasciare che ponti, ruderi, anfratti della nostra città siano l'unico rifugio di invisibili costretti ai margini. Non possiamo permettere che si alimenti una guerra fra poveri, che genera disagio e insicurezza e non risolve il problema di chi, italiano o straniero, non ha una casa.» Perciò, si afferma, daremo una mano per trovare un alloggio a chi è finito in strada. «Sostienici anche tu!». Quindi l'Iban per i bonifici. E l'elenco dei promotori: Nadir Onlus Trento, Rete Ola (Oltre l'accoglienza), Gruppo casa-diritti-azione solidale dell'Assemblea antirazzista di Trento.

È uno dei pezzi di quella società civile che si è mobilitata e ha protestato duramente contro il decreto sicurezza, diventato poi la Legge 132/18, e che nello stesso tempo ha attivato azioni concrete di solidarietà con i migranti colpiti dai provvedimenti. Azioni che in molti casi si sono aggiunte a quelle che già realizzava. Qui diamo conto soltanto di alcune iniziative in Trentino, soprattutto di quelle nate dai coordinamenti di associazioni.

Perché un'altra risposta della società civile al famigerato decreto è stata quella di incentivare il lavoro di rete, la collaborazione tra associazioni, le azioni in comune. Un segnale di maturazione del volontariato e di crescita della sua capacità di incidere nella realtà. Segnali di questo tipo ci sono stati in molte regioni italiane.

Ola (Oltre l'accoglienza) è un coordinamento di associazioni di volontariato che sta svolgendo da due anni e mezzo un'intensa attività. Si riunisce presso l'Oratorio della parrocchia di S. Antonio a Trento. I partecipanti sono Progetto Volontari 2011, Progetto Accoglienza S. Antonio, Comitato Non Laviamocene Le Mani (di Rovereto), Volontari Cognola-Martignano, Volontari Valsugana, Rete Radiè Resch Trentino, Il Gioco degli Specchi, Associazione Amici dei senzatetto Onlus, Ali aperte, Circolo culturale L'Allergia. Tra le attività messe in campo: una mappa provinciale delle realtà impegnate nell'accoglienza, incontri di informazione e sensibilizzazione, ricerca di opportunità di formazione, lavoro e alloggio, non solo per i richiedenti asilo e profughi, ma anche per i cittadini italiani nelle stesse condizioni; interventi a fianco delle istituzioni per non lasciare soli i richiedenti asilo quando il progetto istituzionale di accoglienza finisce, e supportarli nel percorso verso l'autonomia. Ola collabora anche con gli «Amici dei senzatetto» nella gestione di Casa Baldè, uno spazio domenicale di accoglienza per persone senza dimora e richiedenti asilo che non hanno un luogo dove andare. La domenica tante strutture sono chiuse.

Rete italiano a Trento: è un coordinamento delle associazioni che offrono corsi gratuiti di italiano agli immigrati. Nata su spinta della cooperativa Kaleidoscopio, questa rete ha prodotto e diffuso un pieghevole, «Italiano a Trento», dove gli interessati possono trovare luoghi, orari, contatti, indirizzi delle associazioni che propongono i corsi, e una mappa della città. Ha trovato aiuto anche dal Comune per reperire alcuni spazi. Ha come capofila LiberaLaParola e vi fanno parte Il Gioco degli Specchi, attivo su questo fronte da 25 anni, la Penny Wirton, Atas, Associazione Oratorio S. Antonio, A.M.A., 2011 Italiano per tutti. La collaborazione ha consentito di adottare un comune «libretto personale» per chi vuole frequentare i vari corsi.

Tra i gruppi di lavoro nati all'interno dell'Assemblea antirazzista c'è il Gruppo casa-diritti-azione solidale che svolge molte attività di solidarietà concreta: accompagnamento di stranieri in questura, in ospedale, in banca per consentire l'apertura di un conto (difficile da ottenere, necessario per lavorare); ricerca di un alloggio per chi è sulla strada. Ha prodotto «Ciao Trento», un opuscolo informativo, in collaborazione con i volontari di Casa Baldè e altre associazioni, dove chi ha bisogno può trovare informazioni, orari, indirizzi su: «prima accoglienza, mangiare, dormire, sanità, doccia, lavaggio indumenti, vestiti, sportelli informativi, scuola di lingua, lavoro, biblioteca».

La Rete Radiè Resh è impegnata dal 2014 nel sostegno concreto a un gruppo di profughi (7 il primo anno) in gravi difficoltà: alloggio, ricerca lavoro, aiuto per le pratiche burocratiche, scuola guida, assicurazioni. Anche in collaborazione con il Gruppo Non Laviamocene le Mani e il Gruppo Trento 2011. Tra tante difficoltà, anche buoni risultati, tra cui la nascita di una piccola impresa che ora ha vita autonoma. La Rete Radiè Resch ha sempre spinto le associazioni a lavorare insieme e da questa spinta è partito il coordinamento Ola (Oltre l'accoglienza).

Il Comitato delle associazioni per la pace e i diritti umani di Rovereto, che ha sede presso il locale Centro per la Pace, si è subito mobilitato con dibattiti, molto partecipati, sul decreto sicurezza, raccolta di disponibilità a dare una mano, sottoscrizione per sostenere le spese di alloggio e di trasporto dei rifugiati. Gli aiuti sono arrivati e hanno permesso di rispondere subito a diverse emergenze. Sono arrivati anche nuovi volontari. Il Comitato è da anni un punto di riferimento e di sostegno per i profughi, specialmente quelli accolti nel vicino Campo di Marco, centro di prima accoglienza. Il gruppo di volontari è da tempo disponibile due giorni alla settimana, durante tutto l'anno, per insegnare l'italiano. I profughi sono aiutati anche per le visite mediche, la ricerca del lavoro e la predisposizione dei curriculum, l'accesso ai servizi sociali del territorio, l'inserimento dei minori nelle scuole. C'è anche chi ha accolto in casa dei migranti. Decine gli incontri pubblici organizzati su vari temi.

Il Coordinamento accoglienza Vallagarina è nato a Rovereto nel febbraio 2019 in seguito all'affollato incontro pubblico sul decreto sicurezza «Quale accoglienza e quale sicurezza» (300 persone alla Filarmonica). Ha lo scopo di sostenere iniziative di sensibilizzazione (dibattiti e partecipazione alla Settimana dell'accoglienza) e di solidarietà concreta con i richiedenti asilo presenti nel territorio. La parrocchia di San Marco ha messo a disposizione uno spazio per le riunioni. Ne fanno parte molte cooperative e associazioni: Punto d'Approdo, Fondazione Comunità solidale, Noi Più, Noi S. Caterina Rovereto, Noi Borgo Sacco, Atas, Ubalda Girella, Murialdo, Lucicate, Anpi, Social Catena, Centro per la pace, Centro Astalli, Caritas-Cedas, Mlal Trentino, Libera, Resistenza pacifica, Forum trentino per la pace e i diritti umani. Ha affrontato, anche confrontandosi con il Comune di Rovereto, alcune emergenze: iscrizione anagrafica, alloggio, trasporti, lavoro di comunità. Unisce volontari e operatori. Forse mai come in questa occasione le tante realtà del territorio si sono trovare a collaborare per un obiettivo comune.

Anche Cava, Coordinamento associazioni Vallagarina per l'Africa, con sede a Rovereto, è costantemente mobilitato sul fronte della sensibilizzazione e della solidarietà concreta in collaborazione con le altre associazioni. È stato tra i principali promotori, con l'Anpi e il Centro Pace, di incontri pubblici sul decreto sicurezza che hanno toccato una quindicina di paesi della Valle Lagarina. Il Coordinamento associazioni Vallagarina, il Centro Pace e Cava hanno sostenuto, insieme ad altri, la Marcia «Restiamo umani» del coraggioso e vulcanico John Mpaliza, e dei suoi amici, partita da Trento il 20 giugno 2019 e con meta Roma, con tante tappe intermedie di incontro con le popolazioni delle varie regioni, per consegnare infine, dopo tre mesi di cammino, un appello («abbattere i muri dell'indifferenza e costruire ponti di solidarietà») e un messaggio di stima («grazie, siamo con voi!») a papa Francesco e al presidente Mattarella.

Il comitato Sopra il Ponte è nato a Tione con lo scopo di

unire le associazioni delle Valli Giudicarie per affrontare con maggior forza i problemi creati dal decreto sicurezza. Il nome lo rivela: dato che in conseguenza del decreto ci saranno più persone prive di tutto, è nata l'idea di creare Sopra il Ponte, perché la rete delle associazioni possa evitare che le persone finiscano, appunto, sotto il ponte. Tra i promotori Vite Intrecciate, Cooperativa Cluster, Associazione More, Gruppo accoglienza di Caderzone, un gruppo di volontari del Banale, i datori di lavoro di alcuni profughi, persone di altri paesi: Cares, San Lorenzo, Roncone (dove, dopo un atto intimidatorio iniziale, è stata realizzata una bella esperienza di accoglienza, guidata dall'associazione More). Anche Sopra il Ponte si è dato di fare per i problemi dell'alloggio, ricerca lavoro, informazioni su tirocini, normative, pratiche burocratiche, accompagnamento nelle strutture sanitarie, raccolta fondi per i trasporti e altre spese. E poi incontri pubblici.

Da queste informazioni sintetiche, ma dettagliate (se non si esce dal generico, non si conosce la realtà), si può almeno intuire la ricchezza e la forza del mondo del volontariato presente in Trentino accanto ai rifugiati in un momento così difficile, a tratti drammatico, come quello che stiamo vivendo (abbiamo dovuto, purtroppo, tralasciare i nomi delle persone, che sono le vere protagoniste, ma avremmo corso il rischio di dimenticarne qualcuno, o forse troppi). È soltanto un pezzo di ciò che c'è, perché è impossibile dar conto di tutte le organizzazioni e le iniziative di solidarietà, anche soltanto di un piccolo territorio qual è questo. I samaritani sono tanti, ma spesso silenziosi, qui e ovunque nel nostro Paese. È il Bel Paese che si conosce poco, ma è forte, diffuso, radicato. Sarebbe una meraviglia se lo splendore di tutta questa solidarietà si manifestasse appieno. Proviamo solo a immaginare se, al pari delle ossessionanti notizie negative sui migranti, si facesse vedere tutti i giorni e in tutte le occasioni, su tutti i tg, i social, i giornali, e con altrettanta insistenza il mondo della solidarietà. Cambierebbe radicalmente la percezione della realtà da parte di milioni di italiani. Lo splendore della solidarietà vincerebbe le nebbie nere e asfissianti dell'ostilità creata dalla propaganda. Nell'attesa, abbiamo dato conto almeno di qualcosa di significativo che abbiamo conosciuto personalmente.

Molti pezzi di società civile e di volontariato, abbiamo ricordato, hanno protestato duramente contro il famigerato decreto sicurezza, con manifestazioni, documenti, incontri di informazione, dibattiti. Il vero volontario, proprio perché è totalmente disinteressato, proprio perché è libero da legami professionali e istituzionali, deve usare la propria libertà per parlare a nome dei più deboli. Se tace, li tradisce. È un dovere irrinunciabile del vero volontario. C'è chi si ferma al fare. Ma il volontario deve anche pensare e parlare. Gridare, se occorre. Non basta curare gli effetti disastrosi delle politiche sbagliate e disumane. Bisogna battersi per cambiarle. Una parola di verità è la prima forma di solidarietà.

Agosto 2019

MULTA DA UN MILIONE DI EURO PER CHI SALVA I MIGRANTI

Il secondo «decreto sicurezza», diventato legge con l'approvazione definitiva da parte del Senato il 5 agosto, resterà, come il primo, tra le pagine più vergognose della nostra storia politica e parlamentare (con la pubblicazione sulla Gazzetta Ufficiale è ora la Legge 8 agosto 2019, n. 77). La legge colpisce duramente le navi che salvano i migranti naufraghi nel Mediterraneo. E mette queste norme repressive dei salvataggi insieme a quelle repressive di chi usa razzi, petardi, bastoni durante le manifestazioni pubbliche e di chi si comporta in maniera violenta negli stadi. Salvare naufraghi e pestare avversari politici o sportivi sono problemi di sicurezza analoghi, secondo il governo e il parlamento della nostra Repubblica, ispirati dal ministro dell'Interno, Matteo Salvini. Lega e Cinque Stelle hanno votato compatti. Soltanto 5 senatori Cinque Stelle si sono astenuti. Nessuno di loro ha avuto il coraggio di votare contro.

L'articolo 1 della legge stabilisce che il ministro dell'Interno «può limitare o vietare l'ingresso, il transito o la sosta di navi nel mare territoriale» per motivi di ordine e sicurezza pubblica, in particolare per il reato di «favoreggiamento dell'immigrazione clandestina».

L'articolo 2 stabilisce le pene per comandante e armatore, talmente esagerate da risultare ridicole, sintomo di una ossessione paranoica. Multe stratosferiche, arresti, sequestri, demolizioni. Il loro scopo è quello di terrorizzare. Chi salva deve sapere a cosa va incontro:

> In caso di violazione del divieto di ingresso, transito o sosta in acque territoriali italiane, salve le sanzioni penali quando il fatto costituisce reato, si applica al comandante della nave la sanzione amministrativa del pagamento di una somma da euro 150.000 a euro 1.000.000. La responsabilità solidale di

cui all'articolo 6 della legge 24 novembre 1981, n. 689, si estende all'armatore della nave. È sempre disposta la confisca della nave utilizzata per commettere la violazione, procedendosi immediatamente a sequestro cautelare.

Le navi, si stabilisce, possono essere vendute o distrutte. Dunque, fino a 1 milione di euro di multa per chi salva i migranti. Più ne salvi e più è pesante la multa? Una volta era un onore salvare, adesso è un grave reato. La Marina militare italiana, non solo le Ong, ha salvato negli anni scorsi decine di migliaia di persone, anche al di fuori delle acque territoriali italiane, soprattutto con l'operazione Mare Nostrum, meritandosi unanimi apprezzamenti. Eravamo orgogliosi di quella Marina. Adesso se qualche nave si azzarda a fare quello che la Marina faceva allora, sono arresti, sequestri, multe spropositate. Ecco il «miracolo» che compiono le leggi: con un tratto di penna e un voto trasformano un atto fino a quel momento onorevole in un atto disonorevole, un merito in un reato, un vanto in una vergogna. È evidente che il giusto e l'ingiusto, il bene e il male non hanno niente a che fare con le leggi. Le coscienze che non si arrendono al male e vogliono il bene devono perciò ribellarsi alla legge ingiusta che chiama il bene «male», e il male «bene».

Il presidente emerito della Corte costituzionale Giovanni Maria Flick ha dichiarato: «Sono in gioco i diritti fondamentali della persona. Mettere in piedi un marchingegno complicatissimo per scoraggiare, impedire, intimorire chi pratica il salvataggio in mare è, a mio avviso, contrario alle Convenzioni internazionali sottoscritte dall'Italia e agli obblighi di solidarietà previsti dalla nostra Costituzione».[111]

E un altro presidente emerito della Corte costituzionale, Ugo De Siervo, giudicando inevitabile la firma della legge da parte del presidente della Repubblica, e comunque «molto pesanti» le critiche dallo stesso sollevate nei confronti di alcune disposizioni previste nella legge, ha definito un'«assurdità» le sanzio-

[111] P. CAFFA, *Flick: «Si sta demolendo la Costituzione»*, in settimananews.it, 7 agosto 2019.

ni previste, «enormemente larghe, mentre vi sono una serie di accordi internazionali che impongono il salvataggio dei naufraghi». E poi: «Ho dubbi sull'attuale lucidità di molti dei nostri parlamentari».[112]

Il ministro Salvini, esultando per l'approvazione della legge, non ha profanato questa volta il crocifisso o il rosario, ma direttamente la Madonna. Ha detto: «Chi è stato a Medjugorje lo sa, oggi è il 5 agosto, il compleanno della Vergine Maria e mi fa piacere che oggi faccia un bel regalo all'Italia.» A commento di queste blasfeme sciocchezze, basti ricordare le parole che nel *Magnificat*, il Cantico della Beata Vergine, l'evangelista Luca fa pronunciare alla Madonna: «[L'Onnipotente] Ha dispiegato la potenza del suo braccio, ha disperso i superbi nei pensieri del loro cuore; ha rovesciato i potenti dai troni, ha innalzato gli umili, ha ricolmato di beni gli affamati, ha rimandato i ricchi a mani vuote».[113] Potremmo legittimamente aggiungere: ha soccorso i naufraghi. Sarebbe invece una bestemmia se aggiungessimo: ha lasciato morire i naufraghi, ha punito chi li ha salvati.

L'Alto Commissariato per i rifugiati delle Nazioni Unite (Unhcr) ha dichiarato che con l'approvazione della legge «il rischio concreto è che nel Mediterraneo ci saranno più morti».[114]

Agosto 2019

[112] L. Milella, *De Siervo: «Testo sgangherato ma ha fatto bene a promulgarlo»*, in repubblica.it, 9 agosto 2019.

[113] Lc 1,51-53

[114] J. Storni, *«Decreto sicurezza bis, Unhcr: ci saranno più morti in mare»*, in «La Stampa», 6 agosto 2019.

FURBETTI D'EUROPA SULLA PELLE DEI NAUFRAGHI

Chiamiamoli pure i furbetti d'Europa. Sono quei Paesi sovranisti, come la Polonia e l'Ungheria, che sparano a zero sull'Unione Europea, ma da questa ricevono montagne di soldi. Però quando si tratta di adempiere ai doveri che derivano dal far parte dell'Unione, come accogliere un pugno di profughi nell'ambito di un piano condiviso, allora dicono di no. Il ridicolo è che sono i principali alleati del governo italiano, testé suicidatosi, e in particolare del ministro Salvini che blocca le navi coi naufraghi a bordo in condizioni disumane e grida che l'Europa deve fare la sua parte e che loro qui non scendono.[115] Ma sono proprio Polonia e Ungheria, i Paesi suoi amici, a non fare la loro parte. Finge di non saperlo, è del partito dei furbetti. I dati sono inequivocabili.

Nel 2017 l'Ungheria di Viktor Orbàn, l'estremista anti-Europa amico di Salvini, ha incassato dall'Unione Europea 4,049 miliardi di euro e ne ha versati 821 milioni. Quindi tre miliardi e duecento milioni di guadagno netto, soldi degli altri cittadini euro-

[115] L'ultimo caso, drammatico e vergognoso, è di queste settimane. La Open Arms, dopo aver salvato l'1 agosto 147 migranti in acque internazionali, tra Libia e Italia, si vede rifiutare lo sbarco sia da Italia sia da Malta. Data la situazione sempre più drammatica a bordo per i migranti, il Tar del Lazio, il 14 agosto, dispone la sospensione del divieto d'ingresso nelle acque territoriali italiane e la nave viene scortata a Lampedusa dalla Marina militare. Ma il divieto di sbarco per i naufraghi è confermato dal ministro Salvini che lo concede solo a 13 profughi in condizioni critiche. La Spagna offre un porto sicuro alla Open Arms, ma questa rifiuta perché i profughi non sono in condizioni di affrontare un simile viaggio. Per i rimasti a bordo la situazione si fa sempre più difficile, al limite della disperazione, e alcuni profughi si gettano in mare per cercare di raggiungere la costa a nuoto. Vengono soccorsi e portati a riva. Il 20 agosto la Procura di Agrigento dispone il sequestro della nave, ferma da 19 giorni davanti al porto di Lampedusa, e l'evacuazione dei profughi, che possono finalmente scendere ed essere soccorsi (cfr. M. VIGNERI, *Open Arms, la Procura ordina il sequestro della nave e lo sbarco dei migranti a bordo*, in «The Post Internazionale», giornale online, 20 agosto 2019).

pei, soldi nostri. «Padroni a casa nostra», dicono i furbetti sovranisti, ma con i soldi degli altri. L'Ungheria nel 2018, grazie a questa montagna di soldi europei, ha visto il Pil crescere del 4,9%.

Nel 2017 la Polonia di Jaroslaw Kaczynski, altro amico estremista anti-Europa di Salvini, ha incassato dall'Unione Europea 11,921 miliardi di euro e ne ha versati 3,048 miliardi. Quindi 9 miliardi circa di guadagno netto, soldi degli altri europei. Grazie a questi soldi, il Pil polacco è cresciuto del 5,1% nel 2018.[116] Percentuali da sogno per l'Italia.

Beda Romano in un articolo su «Il Sole 24 ore» dell'8 maggio scorso spiegava che «i Paesi meno sviluppati hanno ricevuto in questi anni più dell'80% dei finanziamenti».[117] Proprio grazie alla Ue questi Paesi, in prima fila Polonia e Ungheria, hanno conosciuto una crescita economica invidiabile. E poi sparano a zero sull'Europa, i furbetti. E rifiutano i doveri che derivano dal farne parte. Perfino i doveri conseguenti ad accordi sottoscritti. Come nel caso dell'accoglienza di un piccolo numero di profughi. Cose di cui le nostre televisioni, berlusconiane e Rai, non parlano mai. Nel 2015 si registrò il massimo afflusso di profughi in Europa, soprattutto in Grecia, e poi in Italia. Nel settembre di quell'anno il Consiglio dell'Unione Europea varò un piano (sottoscritto anche da Polonia e Ungheria) che prevedeva la distribuzione tra i vari Paesi di 120 mila profughi, di cui 28 mila dall'Italia. Alla fine del 2018, quando il piano si è fermato, era stata ricollocata la metà circa dei profughi previsti. Per quanto riguarda quelli dall'Italia, ne erano stati ricollocati 13.989 dei 28.346 previsti. Alcuni Paesi hanno fatto il loro dovere, a partire da Svezia e Finlandia, che ne hanno accolti più di quanti dovevano, e la Germania. Altri no. In particolare, la Polonia si era impegnata ad accogliere 2.182 profughi, l'Ungheria 556.[118]

116 Cfr. M. Gabanelli - M. S. Natale, *Soldi senza obblighi. La Ue dei sovranisti*, in «Corriere della sera», 6 maggio 2019.

117 B. Romano, *L'economia in Europa corre solo a Est (grazie ai fondi Ue)*, in «Il Sole 24 ore», 8 maggio 2019.

118 S. Galeotti, *Fallito il ricollocamento «obbligatorio»: metà dei migranti sono rimasti in Italia*, in «La Stampa», 12 gennaio 2019.

Proprio pochi. Ma non ne hanno accolto nemmeno uno.

Il ministro Salvini quando attacca l'Europa che non fa la sua parte, attacchi i suoi alleati sovranisti polacchi e ungheresi. I furbetti d'Europa. Insieme ai quali, come se non bastasse, ha impedito ogni riforma dell'accordo di Dublino che stabilisce che i profughi si fermino nel Paese di primo arrivo (lo sottoscrisse l'Italia col governo di destra). Salvini e il governo italiano, testé suicidatosi, insieme ai Paesi sovranisti, hanno sempre disertato il tavolo europeo per la riforma dell'accordo di Dublino che dovrebbe introdurre principi di condivisione e corresponsabilità nella gestione del drammatico problema dei profughi. Riforma che ogni persona ragionevole si attende. Ma i sovranisti non hanno l'obiettivo di risolvere, o per lo meno di affrontare con serietà, la questione. Vogliono solo esasperarla, per trarne vantaggio. È vero, i furbetti hanno le gambe corte. Ma che prezzo devono pagare quei poveri naufraghi.

«Trentino», 22 agosto 2019

UNA FAMIGLIA PER ADAMA

Pasta al pesto e Gewürztraminer della Valle dell'Adige. A casa Ruffoni, a Riva del Garda, siamo in quattro a tavola in un caldo sabato di agosto. Una piccola cucina in un piccolo appartamento su due piani. Daniela e Matteo ci vivono un po' stretti. Per andare alla doccia bisogna attraversare la stanza da letto, ma non è un problema. Non fu nemmeno un problema («beh, ci si abitua») nell'estate del 2015 dire ad Adama, profugo del Mali, «vieni a vivere a casa nostra». Per Adama si era concluso il progetto di accoglienza ed era finito in strada. Bastò una telefonata agli amici Ruffoni, e subito il loro divano trovò un terzo e stabile inquilino.

A pranzo, oggi, c'è anche Adama, che adesso ha 38 anni, è alto e robusto, ed è la felicità in persona, perché ha un lavoro stabile, una compagna trentina, Daniela, con la quale vive ad Arco e che gli ha dato da tre mesi un bellissimo bambino. E ci sono anch'io.

Matteo Ruffoni, valtellinese, e Carmen Pernici di Riva del Garda, oggi cinquantenni, si conobbero negli anni '90 a Sarajevo, nell'ambito delle attività di Sprofondo, un'associazione che costruisce ponti di pace e di solidarietà con quelle popolazioni martoriate dalla guerra. Lui insegna matematica e scienze, lei è guida turistica. Alcuni anni fa cominciarono a dare un mano a un gruppo di sei giovani profughi alloggiati a Riva, rispondendo a un appello della Caritas («sono ateo, ma questi pretacci ci sanno fare in quanto a solidarietà concreta, e lo ricordo ogni tanto ai miei amici di sinistra», dice sorridendo Matteo). E nella piccola cantina di casa installarono per i sei profughi una postazione internet perché la usassero liberamente. Matteo li aiutava. Tra l'altro, lui è molto impegnato nella promozione del software libero e della cultura open. Per un po' accolsero in casa anche un giovane afgano, che adesso vive a Trento. I Ruffoni ci tengono a ricordare che il giovane afgano fu accolto in casa per un certo tempo anche da Franca Bazzanella, noto personaggio di Riva, impegnata da sempre nei movimenti della pace e della solidarietà, consigliere comunale, che in questi anni ha aperto la sua abitazione all'accoglienza di alcuni rifugiati.

Del gruppo dei sei, Adama è il più motivato e il più disponibile a dare una mano, a fare lavori, a imparare cose nuove, a frequentare i corsi di italiano. Diventa amico di famiglia, aiuta e lo aiutano. Gli altri cinque, uno dopo l'altro, vanno altrove, in Italia o in Europa. Adama è invece convinto che qui può realizzarsi. E così accade. Ma, dico alla tavolata, torniamo un momento indietro, vorrei che Adama raccontasse la sua storia dall'inizio. Lui non si fa pregare e in un italiano scorrevole, con ricchezza di dettagli e sapienza narrativa, e con un costante sorriso racconta.

Viveva nel villaggio di Singuè, in Mali, duemila anime, famiglia di contadini, mamma, papà e un fratello. A 13 anni se ne va, non è mai stato a scuola, ha voglia di imparare un mestiere, è curioso. Bussa alle porte delle case: avete qualche lavoro da fare? Coi vari lavoretti si mantiene. Poi per un anno lavora presso una famiglia che vende legname. Va con l'asino a raccogliere legna nel bosco.

Impara a guidare le macchine, vorrebbe fare il meccanico. Ha ormai 18 anni, lascia l'asino e va nella capitale, Bamako, distante 380 chilometri. Che fare? Molti suoi coetanei disoccupati fanno i bigliettai sugli autobus. Gli aspiranti bigliettai attendono alle fermate e quando gli autobus arrivano, il primo che salta su prende il posto. Però bisogna conoscere bene le strade, non è facile, è una città di due milioni di abitanti. Il bigliettaio chiede al viaggiatore dove va, gli fa pagare il costo corrispondente e poi segnala all'autista quando fermarsi per farlo scendere nel punto giusto. Dopo vari tentativi andati a vuoto, perché i concorrenti sono più abili di lui nel balzare sull'autobus, un giorno Adama è invitato a salire dallo stesso autista che gli chiede se vuole sostituire per quel giorno il suo bigliettaio. Accetta, ma l'esordio è un mezzo disastro. Troppi i nomi delle strade. L'autista ha però notato che il ragazzo è sveglio e lo fa rimanere anche il giorno dopo. Fatto sta che vi resta un anno.

Poi con un amico si prendono un pulmino e si mettono in proprio. Gli dicono che in Algeria cercano autisti. Ci va e vi resta un anno. Nel 2000 va in Libia, perché lì si sta ancora meglio. Fa il camionista sui cantieri edili, è pagato bene. Può mandare soldi alla famiglia, in Mali, e anche al suo villaggio. Scusa, gli chiedo, per aiutare il villaggio? Sì, per due pompe d'acqua, i contadini hanno bisogno di tanta acqua per i loro animali. Impara bene il francese e l'arabo, lavorando. Arriva la guerra nel 2011 e per i lavoratori stranieri si fa dura, devono andarsene, nascondersi. Se vengono presi finiscono in galera, subiscono soprusi e violenze, o sono messi sui barconi. Nell'inverno del 2011 è caricato su un barcone. Sono in 430. Si rompe il motore, vanno alla deriva per due giorni, sono senza cibo e il mare è mosso. Ero terrorizzato, racconta Adama, anche perché non so nuotare. Per fortuna li soccorre la Guardia costiera italiana che li sbarca a Lampedusa. Erano tempi in cui si salvavano i naufraghi e la Guardia costiera era l'orgoglio di una nazione. Adama e i suoi compagni sono stati fortunati. Da Lampedusa è trasferito a Manduria, in Puglia, e dopo qualche giorno in Trentino, su un pullman, al campo di Marco di Rovereto. Quindi a Riva del Garda col gruppo dei sei, di cui abbiamo parlato, con i quali aveva fatto il viaggio sul barcone.

Quando trova accoglienza in casa Ruffoni, aiuta nei lavori di casa e cerca un lavoro. Prima in un vivaio, poi nella raccolta della frutta, e intanto fa tutte le patenti possibili e immaginabili. Sono molto costose, ma, dicono i Ruffoni, gli amici della nostra famiglia ci hanno sempre aiutato molto per sostenere Adama. Questa cosa me la ripeteranno tre volte («non dimenticare di scriverlo»). Finalmente è assunto in una grossa azienda della zona, tra i leader in Italia e in Europa nella produzione di contenitori e sistemi per la raccolta differenziata. È contentissimo, e lo è anche il suo datore di lavoro. Perché Adama parla tre lingue, ha tutte le patenti e guida ogni sorta di automezzo, lavora abilmente al computer. E per un'azienda avere in una persona queste tre competenze è una fortuna. Col lavoro Adama ha un permesso di soggiorno duraturo.

Due anni fa è tornato in Mali per quindici giorni. Ha riabbracciato i suoi e ha incontrato gli anziani del villaggio perché gli amici di Matteo e Carmen avevano fatto una colletta per realizzare qualcosa di utile al villaggio e bisognava decidere cosa. Tutti gli anziani dicono la loro, c'è tanta povertà, ci sono tante necessità. Si decide di aggiustare le pompe dell'acqua, rotte. Cosa che viene fatta e si avanzano soldi per sistemare le porte della scuola. Gli anziani pensano però a un grande invaso, come ce ne sono in altri villaggi, dove l'acqua nei mesi di pioggia è fermata da una diga. Nei sei mesi annui di siccità, tanti animali (buoi, asini, mucche, capre), indispensabili per la vita e il lavoro nei campi (cotone, mais, riso), muoiono. Adama gira e studia i vari tipi di invaso. Quando torna in Italia ne parla ai Ruffoni e da qui nasce il progetto «Mali: l'acqua per la vita», per realizzare il sogno degli anziani di Singuè. Che sta coinvolgendo amici, scuole, associazioni, aziende, istituzioni dell'Alto Garda e Ledro, ma anche di altre zone del Trentino. Si raccolgono fondi, si fanno iniziative pubbliche di informazione. Il progetto l'ha eseguito gratuitamente lo studio Campetti di Arco. I lavori sono cominciati, dureranno un paio di anni. Tutti i giovani del villaggio eseguono gli scavi gratuitamente, convocati a turno dal capo villaggio. Un servizio civile vero e proprio. Un'impresa di Bamako dirige i lavori e fa il resto, pagata con i soldi della colletta italiana.

Adama è felice, gli piace l'Italia, gli piace il lavoro, è grato. «Sono rimasto sempre stupito dalla generosità e dall'onestà di questa famiglia», dice. «Noi siamo migliorati per primi, grazie ad Adama», dicono Carmen e Matteo. «Abbiamo ricevuto tanto da questa esperienza, non potremmo tornare indietro». Da una famiglia accogliente sono nate tante cose buone, per tanti. La buona accoglienza rende migliori e più felici quelli che la ricevono e quelli che la offrono. Persone e comunità ne guadagnano. La mancata accoglienza, invece, è solo una perdita per tutti.

Agosto 2019

ALTRE PUBBLICAZIONI DEI "GABRIELLI EDITORI"

Ágnes Heller, Francesco Comina, Genny Losurdo, *Il demone dell'amore. La grande filosofa al cospetto di un sentimento che infiamma.*

Raniero La Valle, *Lettere in bottiglia. Ai nuovi nati questo duemila*

Leonardo Boff, *Imitazione di Cristo e sequela di Gesù*

Roberto Mancini, *Utopia. Dall'ideologia del cambiamento all'esperienza della liberazione* (Collana ESH)

Marcelo Barros, *Liberazione. La risposta all'invito divino a trasformare il mondo* (Collana ESH)

Carmine Di Sante, *Dentro la Bibbia. La teologia alternativa di Armido Rizzi*

Autori Vari, *Il cosmo come rivelazione. Una nuova storia sacra per l'umanità*, a cura di Claudia Fanti e José Maria Vigil, prefazione di Piero Benvenuti

Autori Vari, *Oltre le religioni. Una nuova epoca per la spiritualità umana,* a cura di Claudia Fanti, prefazione di Marcelo Barros

Roger Lenaers, *Gesù di Nazaret. Uomo come noi?* Prefazione di Ferdinando Sudati

John Shelby Spong, *Vita eterna: una nuova visione. Oltre la religione, il teismo, il cielo e l'inferno,* prefazione di Federico Battistutta

Gilberto Squizzato, *Se il cielo adesso è vuoto. È possibile credere in Gesù nell'età post-religiosa?*

Matthew Fox, *La spiritualità del creato. Manuale di mistica ribelle*

Matthew Fox, *Preghiera. Una risposta radicale all'esistenza*

Michela Pereira, *Ildegarda di Bingen. Maestra di sapienza nel suo tempo e oggi*

Luigi Adami, Paolo Bertezzolo, *La fede nuda. Dialogo sul credere e il dubitare*

Felice Tenero, *Missione. Il Vangelo con i piedi*

Brunetto Salvarani, *Non possiamo non dirci ecumenici. Dalla frattura con Israele al futuro comune delle chiese cristiane* (Prefazione di Enzo Bianchi)

Josè M. Castillo, *La Chiesa e i diritti umani*

Thomas Merton, *Diario asiatico. Dagli appunti originali*

Paolo Dall'Oglio, *La sete di Ismaele. Siria, diario monastico islamo-cristiano*

Paolo Farinella, *Peccato e perdono. Un capovolgimento di prospettiva*

Paolo Farinella, *Il Padre che fu madre. Una lettura moderna della parabola del Figliol Prodigo*

Paolo Farinella, *Bibbia. Parole segreti misteri*

Paolo Farinella, *Habemus papam. La leggenda del papa che abolì il Vaticano*

Gabrielli editori

Christian Albini

IL MALE

Risvegliare l'umano in Hannah Arendt e Dietrich Bonhoeffer

La riflessione di Christian Albini sulla "resistenza al male" - il male concreto della violenza dell'uomo sull'uomo - in Hannah Arendt e Dietrich Bonhoeffer parla al nostro presente e al ritorno di populismi e chiusure disumanizzanti. Arendt e Bonhoeffer, diversi nell'impostazione della loro ricerca, sono accomunati però dalla dinamica biblica di ascolto-conoscenza-amore che rigetta le astrazioni metafisiche dove il mondo e la storia sono disprezzati. *Amor mundi* (Arendt) e fedeltà alla terra (Bonhoeffer): le due vie per la resistenza al male.

CHRISTIAN ALBINI (Crema, 1973-2017) è stato insegnante e teologo, coordinatore del Centro di spiritualità della diocesi di Crema e collaboratore stabile del mensile Jesus. Il significato universale del vangelo per l'esperienza umana e l'incontro tra persone, culture e fedi sono stati al centro dei testi che ha pubblicato in volumi, riviste e siti internet, tra cui il suo blog Sperare per tutti. È stato socio fondatore dell'associazione Viandanti.

Collana ESH. 4 pp. 112 - ISBN 978-88-6099-289-5 - euro 12,00

Gabrielli editori

Raniero La Valle

LETTERE IN BOTTIGLIA

Ai nuovi nati: questo vostro Duemila

«Se ha un senso leggerle, è perché io sono uno dei pochi ormai che avendo vissuto "quel nostro Novecento" può ancora ammonire e gettare uno sguardo di trepidazione e d'amore su "questo vostro Duemila"».

RANIERO LA VALLE raccoglie in questo libro le più recenti lettere che raccontano il suo percorso politico e spirituale. Lettere infilate nei colli di bottiglia, chiuse con tappi a ceralacca e lanciate nel mare della modernità. Sono lettere destinate al tempo che verrà, ai nuovi nati, alla generazione next, ai Millennial. Perché la salvezza sia sempre possibile. Nonostante la violenza, il razzismo, l'esclusione, la precarietà, il dissesto ambientale. Nonostante la deriva etnonazionalista e il rigurgito della guerra.

pp. 204 - ISBN 978-88-6099-391-5 - euro 16,00